顾客行为主导的供应链优化策略

顾巧论 著

中国财经出版传媒集团

经济科学出版社
Economic Science Press

图书在版编目（CIP）数据

顾客行为主导的供应链优化策略/顾巧论著. —北京：
经济科学出版社，2019.1
ISBN 978 - 7 - 5218 - 0163 - 7

Ⅰ. ①顾… Ⅱ. ①顾… Ⅲ. ①消费者行为论 - 影响 -
供应链管理 - 研究 Ⅳ. ①F713. 55②F252. 1

中国版本图书馆 CIP 数据核字（2019）第 011839 号

责任编辑：刘　丽
责任校对：杨　海
责任印制：王世伟

顾客行为主导的供应链优化策略
顾巧论　著
经济科学出版社出版、发行　新华书店经销
社址：北京市海淀区阜成路甲 28 号　邮编：100142
总编部电话：010 - 88191217　发行部电话：010 - 88191522
网址：www. esp. com. cn
电子邮件：esp@ esp. com. cn
天猫网店：经济科学出版社旗舰店
网址：http：//jjkxcbs. tmall. com
北京季蜂印刷有限公司印装
710 ×1000　16 开　11. 75 印张　200000 字
2019 年 1 月第 1 版　2019 年 1 月第 1 次印刷
ISBN 978 - 7 - 5218 - 0163 - 7　定价：52. 00 元
（图书出现印装问题，本社负责调换。电话：010 - 88191510）
（版权所有　侵权必究　打击盗版　举报热线：010 - 88191661
QQ：2242791300　营销中心电话：010 - 88191537
电子邮箱：dbts@ esp. com. cn）

在消费市场，面对不同类型的产品，顾客有不同的行为。从供应链的角度，依据产品在不同阶段的质量，产品可分为新产品（包括定制产品）、废旧产品、再制造产品和再使用产品（二手产品）。顾客对这些产品有以下行为。

（1）对于非定制新产品，顾客行为通常是购买。如果制造商或零售商提供租赁服务，则顾客行为还有租赁；如果制造商或零售商提供以旧换新服务，而且顾客也愿意以旧换新，则顾客行为还有以旧换新。

（2）对于定制新产品，顾客行为则只有定制行为。

（3）对于废旧产品，如果顾客愿意将自己的废旧产品返还给制造商或零售商，则顾客行为有返还行为；如果制造商或零售商提供以旧换新服务，而顾客也愿意以旧换新，则顾客行为有以旧换新；如果制造商或零售商提供以旧换再服务，而顾客也愿意进行以旧换再，则顾客行为有以旧换再；此外，对于自己质量还不错的废旧产品，顾客行为还有捐赠。

（4）对于再制造产品，如果顾客愿意购买，则顾客行为有购买行为；如果制造商或零售商提供租赁服务，则顾客行为有租赁；如果制造商或零售商提供以旧换再服务，而顾客也愿意以旧换再，则顾客行为有以旧换再。

（5）对于可再使用产品（二手产品），则顾客行为有购买行为；如果零售商提供租赁服务，则顾客行为有租赁。

在这些行为中，顾客对定制产品的定制行为、废旧产品的返还行为、以旧换新/以旧换再行为、再制造产品购买行为在相应供应链中起着主导的作用。本书主要研究由这些顾客行为主导的供应链优化策略，包括顾客产品定制行为主导的供应链（C-dominated 供应链）优化策略、顾客以旧换新/以旧换再行为主导的供应链（T-dominated）优化策略，以及顾客废旧产品返还行为和再制造产品购买行为主导的供应链（R&B-dominated 供应链）优化策略。

本书共分 5 章。

第 1 章对顾客主导行为进行了分析；第 2 章对顾客行为主导的供应链进行探讨；第 3 ~ 5 章对顾客行为主导的供应链优化策略进行研究，且每章一个研究专题。

第 3 章研究 C-dominated 供应链优化策略。包括 MC 顾客满意度指数模型、MC/MP 供应链模型与特性、MC/MP 供应链配送优化模型、MC/MP 供应链多目标优化模型，以及 MC/MP 模式下的 EPQ 模型。主要内容：在分析了 MCCSI 模型研究意义的基础上，对 MCCSI 模型中的核心概念顾客满意、顾客满意的前置因素和顾客满意的后向结果进行了研究，提出了 12 条相关假设，给出了 MCCSI 模型并分析其特点；针对装配型企业，提出 MC/MP 供应链的概念，对 MC/MP 供应链的模型结构、分类及特性进行分析，在此基础上给出 MC/MP 供应链的管理措施；基于混流装配模式，分析了 MC/MP 供应链的结构，给出了 MC/MP 供应链的优化模型，并针对单位周期内定制产品、标准产品的需求，以及定制产品对标准产品需求量的影响，优化了各种产品的装配计划和配送计划；进而，充分考虑 MC 供应链与 MP 供应链的特点，给出一个多目标优化模型，目的是最小化 MC/MP 集成供应链的运作费用及 MC 供应链的反应时间。

第 4 章研究 T-dominated 供应链优化策略。包括参考效应对以旧换新的影响、基于价格补贴与支付分担的新产品定价决策、政府补贴与新产品定价，以及以旧换新企业行为分析。主要内容：在对各种参考因素进行分析的基础上，对相关参考因素的参考效应进行描述，研究参考效应对以旧换新的影响机理，给出相应的以旧换新的促进措施；研究制造商和零售商在两种情况下的价格决定，一是政府提供的财政补贴与零售价格有关,二是政府将停止提供财政补贴,制造商与零售商将分担支付;进一步研究制造商和零售商三个阶段的价格决策,第一阶段是还没有实施以旧换新,第二阶段是开始实施废旧家电以旧换新,有国家财政补贴,第三阶段是继续实施废旧家电以旧换新,但没有财政补贴。

第 5 章研究 R&B – dominated 供应链优化策略。包括风险分担与废旧产品定价策略、市场风险与新产品和再制造产品定价策略、质量风险控制与 R/M 集成供应链运作模型,以及考虑废旧产品价格对新产品需求影响的定价策略。主要内容:考虑顾客对废旧产品的估价及风险分担,研究了再制造/制造商和零售商对废旧产品的定价策略;考虑顾客由购买新产品转而购买再制造产品的转移率,研究有市场风险的新产品和再制造产品的定价策略;考虑由顾客生活水平影响的废旧产品不可再制造率,研究质量风险控制的 R/M 集成供应链运作模型;考虑到废旧产品回收价格对新产品需求的影响,在新产品需求函数中引入影响系数,利用博弈论方法,给出废旧产品回收的最优定价策略。

本书内容在研究过程中得到中国博士后科学基金资助项目"供应链条件下 MC/MP 优化模型及算法研究"和国家自然科学基金项目"基于风险控制的 R/M 集成供应链优化问题研究"资助。本书的出版得到天津市宣传文化"五个一批"人才项目等资助。

感谢本书研究和出版过程中给予帮助和鼓励的诸多良师益友,感谢参考和借鉴的国内外相关文献的每位专家学者。

由于水平所限,书中难免出现疏漏和错误,恳请广大读者批评指正。

顾巧论
2018 年 10 月 13 日于静心阁

目 录

第 1 章
顾客主导行为

在供应链中，顾客是不可或缺的角色。依据产品在供应链不同阶段的质量，产品可分为新产品、废旧产品、再制造产品和再使用产品（二手产品）。面对不同产品，顾客行为也有所差异。比如：购买行为、定制行为、租赁行为、返还行为、以旧换新/以旧换再行为和捐赠行为等。其中有些顾客行为别具特色，它们在供应链中具有主导作用。本章主要探讨这类顾客主导行为，包括顾客的定制产品定制行为、废旧产品返还行为、以旧换新/以旧换再行为和再制造产品购买行为。

1.1 顾客行为分析

1.1.1 顾客行为的定义

顾客行为是指人们为满足需要和欲望而寻找、选择、购买、使用、评价及处置产品与服务时介入的活动和过程[1]。

顾客行为研究侧重于购买前和购买后的有关活动[2]。在对顾客行为的研究过程中，不同学者对顾客行为的理解各有不同。比如，Glock 等将顾客行为定义为描述顾客在特定时间段的购买行为[3]。Walters 等则认为顾客行为是顾客在购买、消费商品和服务过程中所产生的决策活动[4]。Willams 认为顾客行为是所有与顾客购买产品或服务有关的行为和活动[5]。Kolter 认为顾客行为是个人、群体和组织进行选择、获取、消费和处理商品、经验、服务及创意来满足各自所需[6]。Coney 认为顾客行为主要是个体、群体或组织为了达到满足自己意愿或需要的目的而获取、使用和处理产品/服务所涉及的各种行为、活动[7]。布莱克韦尔等将顾客行为描述为：顾客购买、使用和处置商品的各种活动，以及这些活动前后过程中顾客作出的决策行为和活动[8]。

然而，在消费市场上，面对不同类型的产品，顾客有不同的行为。从产品生命周期的角度，一个产品从新产品到废旧产品、从废旧产品到再制造产品或可再利用产品，每个阶段产品质量不同，顾客的行为也有所差异。下面将基于供应链探讨产品类型及顾客行为。

1.1.2 产品种类与顾客行为

1. 产品种类

从供应链的角度，依据产品在不同阶段的质量，产品可分为新产品、废旧产品、再制造产品和再使用产品（二手产品）。这些产品之间的关系如图 1-1 所示[9]：制造商将新产品通过分销商和零售商推向消费市场；消费市场的顾客购买新产品，经过一定周期的使用，新产品成为废旧产品；废旧产品经过回收商回收、拆解中心评估检测，得到可直接再使用产品、可再制造零部件、可循

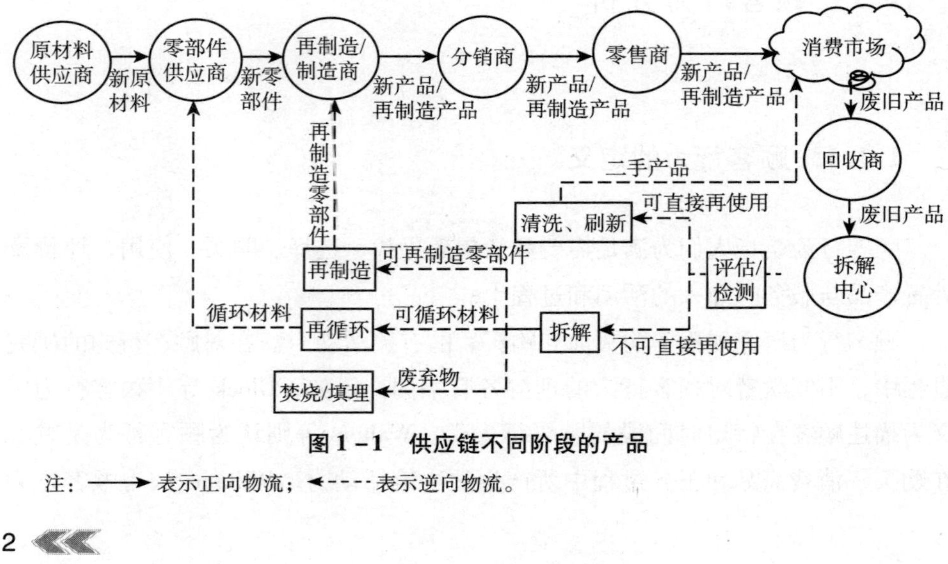

图 1-1　供应链不同阶段的产品

注：——→ 表示正向物流；◄----- 表示逆向物流。

2

环材料和废弃物；可直接再使用的产品成为二手产品进入消费市场；可再制造零部件再制造后，再制造商用再制造零部件和新零部件生产出再制造产品，再制造产品通过销售渠道进入消费市场。

（1）新产品。新产品分为非定制产品（普通产品）和定制产品。制造商采用新原材料、新零部件生产的产品为新产品。定制产品是根据顾客定制需求生产的产品。

（2）废旧产品。新产品经销售渠道销售给顾客后，经过顾客一定周期的使用，新产品成为废旧产品。废旧产品的质量具有不确定性。

（3）再制造产品。再制造产品是废旧产品经过再制造而形成的产品。再制造是一个将不能再用的产品恢复到"新"状态的过程。它通过对废旧产品进行回收、检测/拆卸，可以用的零部件进行清洗、翻新或升级，然后通过重新组装（可能需要加进部分新的零部件），得到在性能上和寿命上等同于原来产品的再制造产品。

（4）再使用产品。再使用产品主要是指经过简单的清洁、涂敷处理工艺或对产品故障进行修理后重新使用的产品。重新使用不需要拆解和更换新零部件。租赁产品的到期返还和再租赁也属于再使用范畴。质量完好的闲置家用电器也可以重新使用。

2. 顾客行为

表1-1列出了顾客对于不同产品的相应行为。

（1）对于非定制新产品，顾客行为通常是购买。如果制造商或零售商提供租赁服务，则顾客行为还有租赁；如果制造商或零售商提供以旧换新服务，而且顾客也愿意以旧换新，则顾客行为还有以旧换新。顾客的以旧换新行为在再制造逆向供应链中起着主导作用。

（2）对于定制新产品，顾客行为则只有定制行为，而且，顾客的定制行为在定制产品供应链中起着主导作用。

（3）对于废旧产品，如果顾客愿意将自己的废旧产品返还给制造商或零售商，则顾客行为有返还行为；如果制造商或零售商提供以旧换新服务，而顾客也愿意以旧换新，则顾客行为有以旧换新；如果制造商或零售商提供以旧换再服务，而顾客也愿意以旧换再，则顾客行为有以旧换再；此外，对于质量还不错的废旧产品，顾客行为还有捐赠。在这里，顾客的返还行为、以旧换新和以旧换再行为都在再制造逆向供应链中起主导作用。

表 1-1 不同产品顾客行为

产品种类		顾客行为
新产品	非定制产品（普通产品）	购买行为；租赁行为；以旧换新行为
	定制产品	定制行为
废旧产品		返还行为；以旧换新行为；以旧换再行为；捐赠行为
再制造产品		购买行为；租赁行为；以旧换再行为
再使用产品（二手产品）		购买行为；租赁行为

（4）对于再制造产品，如果顾客愿意购买，则顾客行为有购买行为；如果制造商或零售商提供租赁服务，则顾客行为有租赁；如果制造商或零售商提供以旧换再服务，而顾客也愿意进行以旧换再，则顾客行为有以旧换再。顾客对于再制造产品的购买行为和以旧换再行为在再制造闭环供应链中起主导作用。

（5）对于可再使用产品（二手产品），则顾客行为有购买行为；如果零售商提供租赁服务，则顾客行为有租赁。

1.1.3 顾客主导行为的定义和种类

1. 顾客主导行为的定义

顾客主导行为是指针对特定种类产品、决定于顾客意愿的顾客行为。这些种类产品比如定制产品、废旧产品、再制造产品等，顾客意愿比如定制意愿、返还意愿、以旧换新/以旧换再意愿等。

顾客主导行为的特点：这些种类产品不是生活必需品，顾客购买行为或处置行为也不是"必需"的；这些种类产品的走向或相应供应链的运作以顾客行为为主导；对这些种类产品，或者企业有激励措施，或者国家有政策扶持。

2. 顾客主导行为的种类

通过上面的分析，顾客主导行为包括：顾客对定制产品的定制行为、废旧产品的返还行为、以旧换新/以旧换再行为、再制造产品购买行为，如图 1-2 所示。定制产品的生产，决定于顾客对定制的偏好、认可、愿望和定制行为；废旧产品以旧换新/以旧换再的实施，取决于顾客对自己拥有的废旧产品的处置方式、以旧换新/以旧换再的意愿以及以旧换新/以旧换再行为；废旧产品再制造，依赖于顾客对废旧产品的返还行为和对再制造产品的购买行为。因此，顾客主导行为在相应供应链中起着主导的作用。

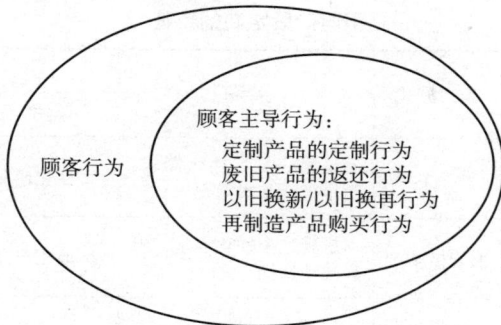

图1-2 顾客主导行为的种类

1.2　顾客定制行为

生活水平的提高、个性审美的需求，使得产品定制成为很多顾客的推崇。而且，在不同历史时期、不同行业领域，定制产品的种类和特征都有其独到之处。

1.2.1　顾客定制行为出现的前提

1. 定制

定制是为顾客量身制作，比如量体裁衣。定制可以分为两种：无意识定制和有意识定制。

（1）无意识定制属于初级阶段的定制。此时的定制，商家并不是刻意提供某种成品，而是只提供技术或/和原材料，等待顾客上门。比如，裁缝店。顾客需要制作一件衬衣时，或自己携带布料或选用裁缝店的布料，裁缝为顾客量体、裁衣。

（2）有意识定制是指商家刻意提供一定范围的定制化服务，由顾客在该范围内选择自己需要定制的产品。比如，私家车定制。汽车制造商依据市场调研，制订生产定制汽车的计划，并给出可选的定制零部件，顾客可依据定制零部件的范围选择自己偏爱的零部件，由制造商组装形成自己的定制产品。

定制出现的阶段和每阶段定制的特征见表1-2。

表1-2 不同阶段定制的特征

定制阶段	出现时期	生产方式	特征	产品	
				种类	数量
定制初级阶段	农业社会	手工生产	不是为满足个性化需求，而是生活基本需要	个性化产品	每种产品数量单一或少量
定制衰落阶段	工业化社会	大规模生产	不是满足个性化需求，顾客被动选择	标准化产品	每种产品数量很多，批量生产
定制繁荣阶段	信息化社会	大规模生产与大规模定制并存	满足个性化需求，顾客主动选择	个性化产品/标准化产品	每种产品数量单一或批量

注：根据网络资料整理而成。

从文献来看，有些产品较早就开始定制了。比如提桶的定制、集成电路的定制、人工髋假体的定制、服务的定制、化学品的定制及市场营销的定制等。

（1）提桶的定制：1980年已开始出现提桶的定制。当时美国提桶和桶生产者贸易协会称，包装工程师及其公司正开始意识到提桶定制的重要性。定制提桶的特征包括尺寸、封盖、配件、衬垫、装饰等[10]。

（2）集成电路的定制：当不能用标准部件来实现所需要的功能时，就出现了定制集成电路。定制集成电路是为了提高电路的性能，缩小系统体积、重量和功耗而专门设计的电路[11]。

（3）人工髋假体的定制：20世纪80年代初，人工髋假体的定制开始出现。国外一些生产人工髋假体的公司，通过建成柔性加工生产线，由医生选择确定各部分（柄、颈、球头、髋臼等）的尺寸，然后按要求加工假体[12]。

（4）服务的定制：服务的定制即由专业人员为顾客提供个性化、差异化的服务。定制化服务可包括定制化服务结果、差异化服务过程和个性化服务行为[13]。

（5）化学品的定制：1993年开始出现了化学品定制。定制化学品是指制造商按客户订单的需求而专门制造的化学品。据法国一咨询公司估计，1993年全世界定制化学品生产总值为125亿美元[14]。

（6）市场营销的定制：定制市场营销被誉为市场营销"20 世纪 90 年代的最新领域"之一。定制市场营销的核心是兼顾批量生产与顾客个别需求，使产品能更好地适应并满足市场上的每一个顾客[15]。

随着生产自动化、智能化技术和互联网技术的发展，顾客对产品定制需求越来越多，相应的产品定制服务也越来越广泛，见表 1 - 3。

表 1 - 3   定制产品的种类

定制种类	定制产品
衣	定制服装、定制婚纱、定制男鞋、定制帽子、定制包包……
食	定制生日蛋糕、定制巧克力、定制红酒、定制茶、定制私家酒窖、定制有机时蔬……
住	定制私家建筑及园艺、定制私家智能系统及影院、定制家具、定制家居、定制枕头、定制窗帘……
行	定制汽车、定制顶级改装车、定制私人游艇、定制私人飞机、定制顶级自行车、定制房车、定制旅行……
用	定制创意礼品、定制 U 盘、定制手机、定制钻石……
定制服务	定制月子中心、定制私人理财师、定制私人医生、定制私人律师……

注：根据 2013 年 8 月，中国（国际）定制协会相关资料及网络资料整理而成。

2. 大规模定制

大规模定制（Mass Customization，MC）是在高效率的大规模生产的基础上，通过产品结构和制造过程的重组，运用现代信息技术、新材料技术、柔性技术等一系列高新技术，以大规模生产的成本和速度，为单个顾客或小批量多品种市场定制任意数量的产品的一种生产模式[16]。

大规模定制生产方式可以增强公司的竞争优势。早在 1998 年，德国宝马汽车公司、美国德尔电脑公司、利瓦伊·斯特劳斯（牛仔裤）公司、马特尔（芭比娃娃）公司、麦格劳－希尔（出版）公司及许多网络公司等，都已经在实行大规模定制生产方式[17]。例如，利瓦伊·斯特劳斯公司为顾客提供了 5 种颜色、3 种基本裤型、5 种裤脚开口和两种前开口，顾客从中进行选择来定制自己的牛仔裤。美国通用汽车公司也提供定制汽车的服务，在公司经销商店，顾客通过计算机选择汽车的颜色、发动机、座位设备、收音机等来定制自己的汽车。

1.2.2　顾客定制行为影响因素

顾客定制行为会受多种因素的影响。为了解顾客对产品定制的意愿和行为，本小节通过问卷调查（见附录 A）对顾客产品定制行为进行调查，相关数据见表 1 - 4。

表 1 - 4　　　　　　　　　　　顾客与产品定制调研数据

问题	选项	比例/（%）
您了解产品定制吗？	非常了解	17
	了解	40
	不了解	43
您愿意购买定制产品吗？	非常愿意	19
	愿意	47
	无所谓	26
	不愿意	2
	不确定	6
如果您不愿意购买定制产品，原因是？	认为价格比较高	37
	等待时间比较长	41
	不喜欢张扬个性	16
	其他（请注明）：	6
如果您愿意购买定制产品，您有贩买的经历吗，感觉如何？	购买多次，感觉很好	15
	仅购买一次，比较满意	19
	还没有，准备有机会尝试一下	64
	其他（请注明）：	2

从表 1 - 4 可以得出，就目前来看，57% 的顾客对产品定制了解或非常了解，有 66% 的顾客愿意或非常愿意购买定制产品。而且，已有 34% 的顾客有过一次或多次购买定制产品经历，顾客感觉效果不错，有 64% 的顾客准备有机会尝试一下产品定制。而对于不愿意购买定制产品的顾客，其原因主要是等待时间比较长、价格比较高。调查结果说明，对于生产商而言，定制产品依然有很大的发展空间。

1.2.3　顾客定制行为发生过程

对于不同行业、不同产品，顾客定制行为的发生都有一个过程，如图 1-3 所示。该过程主要包括三个阶段：获取定制产品信息、产生定制产品愿望和咨询定制产品流程。顾客主要是通过生产商网络宣传、已定制产品的朋友发送朋友圈的定制产品信息、走访亲朋好友或在商店等购物场所获取定制产品信息；之后，顾客受亲朋好友、商店等销售员的影响对该定制产品比较偏爱，且又具有经济能力，于是顾客产生定制产品的愿望；最后，顾客进一步对定制产品进行咨询，主要通过零售店、网络、亲朋好友咨询或直接咨询生产商；最后，顾客定制行为发生。

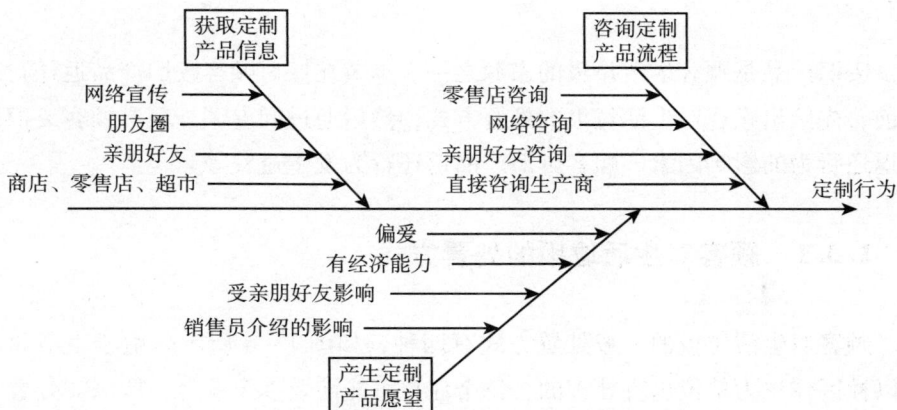

图 1-3　顾客定制行为发生过程

1.2.4　顾客定制行为的价值

顾客定制行为的价值体现在两个方面：对整体供应链的价值和对顾客自身的价值。

1. 对整体供应链的价值

对于整体供应链来说，顾客定制行为可以避免或削弱牛鞭效应。牛鞭效应又称为"需求变异加速放大原理"[18]，是指供应链上的需求信息从最终顾客向原始供应商端传递时，由于需求信息无法有效地共享，使信息扭曲并逐级放大，导致需求信息出现越来越大的波动。当顾客定制产品时，供应链成员是依据定制信息进行生产或供应的决策，而各级成员获得的信息和实际定制产品需求信息没有偏差或偏差很小，可有效避免或削弱牛鞭效应。

还有，顾客定制行为可以稳定市场份额。通过收集顾客定制信息，供应链成员可以和顾客建立更加密切的关系、稳定市场份额、提高利润。

2. 对顾客自身的价值

顾客定制产品的质量更可靠、属性更独特，而顾客定制产品的目的或者是满足特定的需求或者是彰显个性，通过定制产品定制行为，即可达成顾客的目的。

1.3　顾客废旧产品返还行为

废旧产品是顾客生活垃圾的来源之一。本节在探讨顾客废旧产品返还行为之前，先给出顾客对生活垃圾的处置方式，然后通过问卷调查获取顾客废旧产品返还行为的影响因素、顾客废旧产品返还行为发生过程等。

1.3.1　顾客对生活垃圾的处置方式

顾客对生活垃圾的一般处置方式有四种，如图 1 - 4 所示。由于生活垃圾是以社区住户为单位进行处理的，每个住户可能涉及多个顾客，所以，处置方式中用"主体"来代替住户的"顾客"。在日常生活中，每个主体可能采用其中一种处置方式，也可能多种处置方式随机采用。

处置方式Ⅰ：主体对于所产生的生活垃圾不做任何分类，直接混合丢弃到楼下垃圾桶。垃圾桶中的垃圾由相关部门统一转运到生活垃圾综合处理处，转运量大、处理量大。

处置方式Ⅱ：主体对于所产生的生活垃圾不做任何分类，直接混合丢弃到楼下垃圾桶。拾荒者捡拾垃圾桶中的可回收垃圾并卖给附近的回收站。垃圾桶中剩余的垃圾由相关部门统一转运到生活垃圾综合处理处。虽然有部分可回收垃圾被捡走，但转运量和处理量依旧较大。

处置方式Ⅲ：主体将所产生的生活垃圾中一部分可回收垃圾卖给回收商

贩，剩余垃圾则直接混合丢弃到楼下垃圾桶。垃圾桶中剩余的垃圾由相关部门统一转运到生活垃圾综合处理处。虽然主体有卖掉可回收垃圾的行为，但主体不刻意对可回收垃圾分类，而由回收商贩分类支付。该处置方式中，转运量和处理量也很大。

处置方式Ⅳ：此为生活垃圾分类被提倡后的处置方式，一般有社区回收站点。该方式中，主体将所产生的生活垃圾中可回收垃圾分类收集，送往社区回收站点，领取小礼物或现金。剩余垃圾丢弃到楼下垃圾桶。垃圾桶中的垃圾由相关部门统一转运到生活垃圾综合处理处。虽然主体开始有可回收垃圾分类的行为，但主体的积极性往往不高，导致可回收垃圾直接丢弃的行为依旧发生，转运量和处理量有所降低，但降低的幅度有待增加。不仅如此，该方式仅作为试点尝试，并不广泛。

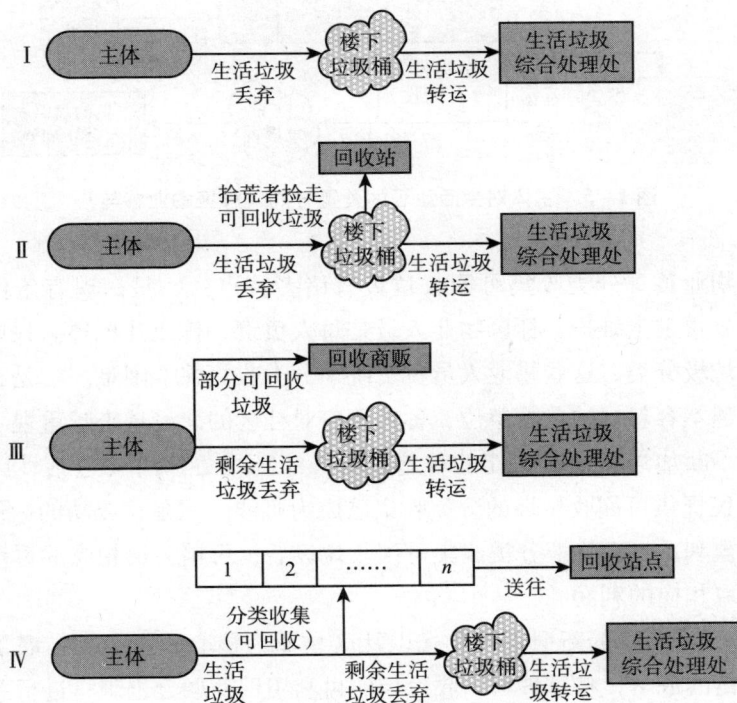

图1-4　生活垃圾的现有处置方式

另外，还有一种社区物业参与的顾客生活垃圾处置方式，如图1-5所示。该方式是在现有处置方式Ⅳ的基础上，从供应链的角度进行了以下改进：一是，增加了主体对生活垃圾处理的参与度。主体参与是指主体以生产商的角色成为城市生活垃圾减量化管理模式的成员，负责将自己生产的生活垃圾进行原始处理，包括重复使用、分类收集和垃圾丢弃。二是，引入社区物业作为供应链成员。三是，社区物业人员负责就近分类收集可回收垃圾，代替了主体将可回收垃圾分类收集后送网回收站点的环节。

在该方式中，主体对生活垃圾进行原始处理：对于生活垃圾中可再使用的废旧物品进行重复使用；对于生活垃圾中具有可再利用价值的东西进行分类收集，放入相应的分类袋，比如塑料、纸制品、玻璃、金属、纺织品等；对于生活垃圾中没有任何价值的东西，即剩余生活垃圾则直接丢弃到楼下垃圾桶，再由相关部门统一转运到生活垃圾综合处理处。

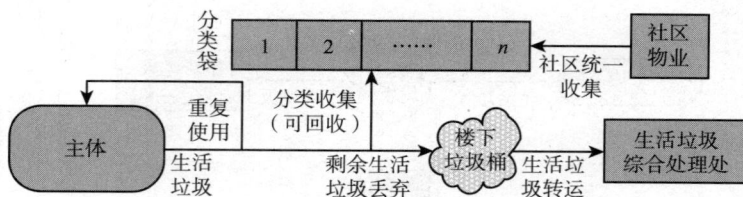

图 1-5　主体对生活垃圾的处置方式（社区物业参与）

社区物业负责分类收集可回收垃圾有诸多特点：一是，现有条件基本具备。对于日常卫生维护，社区物业人员是每人负责一栋或几栋楼。只要主体已将可回收垃圾分类，这些物业人员负责统一分类收集并不困难。二是，社区是一个越来越不容忽视的功能单位，各级政府对社区的建设越来越重视。随着社区建设的不断加强和社区功能的日趋完善，社区相关部门（包括社区物业公司）为居民提供可回收垃圾的分类收集已成为可能。三是，成功的运作可以为物业公司盈利。社区物业分类收集可回收垃圾后，可销售给相应的再生资源公司，以获取相应的利润。

如图 1-6 所示的新型管理模式以社区物业为核心，进一步扩展了可回收垃圾供应链的成员，将每种可回收垃圾的再利用厂商融合进来，进行系统的管理。主体从市场选择购买日常生活物品，物品使用后，居民首选重复使用，如不能重复使用则将可回收垃圾分类放入分类袋，将不可回收垃圾放入楼下垃圾桶等待转运到生活垃圾综合处理处。社区物业设置的回收站将可回收垃圾从主体处分类收集并放入分类箱。再利用厂商直接与社区物业回收站对接，各自收运自己的可回收垃圾，以避免混杂运输再次分拣，达到高效再利用的目的。政府部门对主体、社区物业和再利用厂商进行政策法规约束、财政支持和效果监督。

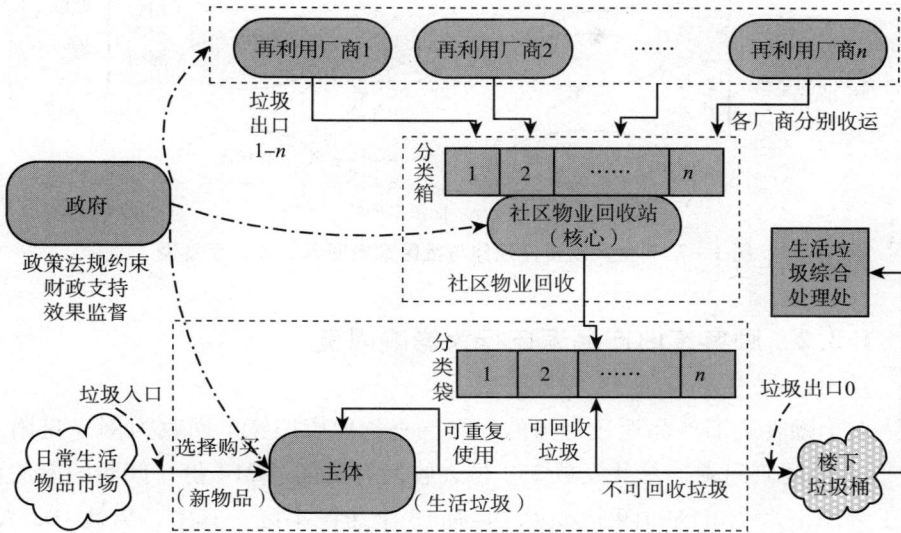

图 1-6 新型管理模式概念模型

特别地，针对废旧家电回收，"生产商责任延伸与社区家电回收"融合的新型模式如图 1-7 所示。每个家电生产商都有可能将自己的产品销售到各个社区，家电产品经过一定时间的使用后成为废旧家电。对于每个家电生产商而言，都面临着家电回收的压力，诸如废旧产品回收的法律法规、生产商责任延伸制、消费者可持续发展意识，以及生产商之间的竞争等。废旧家电回收已成为家电生产商在家电产品生产、销售、回收和再利用整个过程中的重要的中间环节。

该模式不但考虑到家电生产商需要承担其废旧家电产品回收处理的社会责任，而且还考虑到社区服务业的强大功能和社区服务越来越被居民所依赖与信赖的事实。社区是一个越来越不容忽视的功能单位，建立社区回收点，将家电回收融入到社区功能当中，借助于已形成的居民对社区服务的信赖和依赖，社区为家电生产商提供废旧家电回收服务是行之有效的途径。

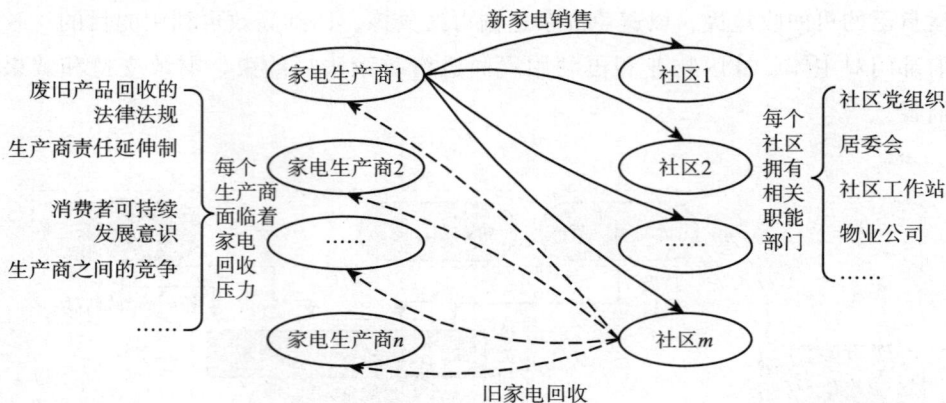

图 1-7 "生产商责任延伸与社区家电回收"模式示意图

1.3.2 顾客废旧产品返还行为影响因素

对于顾客废旧产品返还行为的问卷调查选取废旧家电回收为例（见附录B）。本次调研问卷，总共发放 230 份，收回有效问卷 214 份。问卷的发放覆盖了天津市六个市区和四个郊区，共有 13 个居民小区。其中，男性 102 人，女性 112 人；30 岁以下的有 25 人，30~50 岁的有 97 人，50 岁以上的有 92 人；被调查者的职业分为教师、学生、公务员等；收入也分为 2000 元以下，2000~4000 元等不同区间。

1. 关于居民废旧家电回收处理意识

社区居民通过不同的途径了解废旧家电回收处理，主要途径有电视报纸上的新闻（广告）、网络信息、所在社区的宣传、商场回收点的广告宣传，以及小商贩的沿街叫卖。从调查的数据来看，居民获取废旧家电回收处理信息的主要途径是小商贩的沿街叫卖，其次是商场回收点的广告宣传和电视媒介，如图 1-8 所示。社区居民直接通过社区宣传获得废旧家电回收信息的人数最少，说明社区宣传需要加大力度。

当被问及"您认为废旧家电回收处理的好处有哪些?"时，所有被调查者中普遍认为废旧家电回收对家庭来说可以减少占用空间；其次普遍认为对社会资源来说可以循环利用，节约资源；从环境的角度，可以保护环境，降低污染。对于"从企业的角度，可以节约成本"这一选项只有约一半的人选择，其原因可能由于居民不了解企业对于回收的废旧家电如何处理。总之，从调查

14

数据来看，社区居民对于废旧家电回收处理的好处有较高的认识，如图1-9所示。

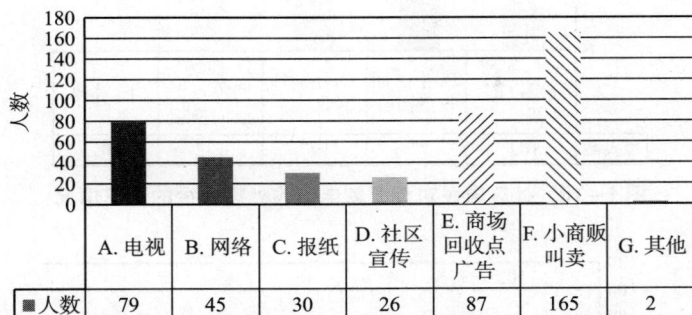

	A. 电视	B. 网络	C. 报纸	D. 社区宣传	E. 商场回收点广告	F. 小商贩叫卖	G. 其他
■人数	79	45	30	26	87	165	2

图1-8　社区居民获得废旧家电回收信息的途径

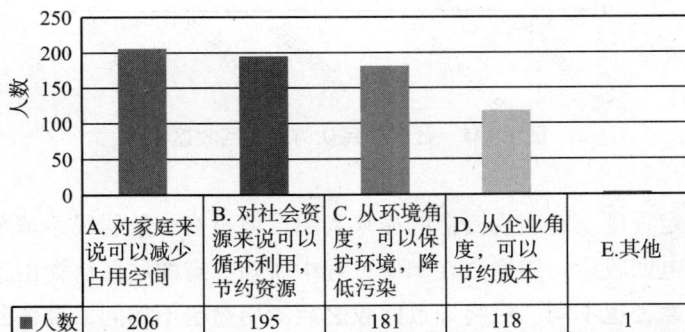

	A. 对家庭来说可以减少占用空间	B. 对社会资源来说可以循环利用，节约资源	C. 从环境角度，可以保护环境，降低污染	D. 从企业角度，可以节约成本	E.其他
■人数	206	195	181	118	1

图1-9　社区居民对废旧家电回收好处的认识

　　社区居民对废旧家电回收处理途径知道最多的是小商贩回收，其次是商场回收点以旧换新（这得益于我国政府对废旧家电以旧换新的补贴政策），再次是厂家回收点以旧换新，最后是小区回收点回收，如图1-10所示。但是，接近一半的社区居民认为厂家回收的方式最好，其次是小商贩回收，选择小区回收和商场回收的居民数目较少，如图1-11所示。对于社区居民来说，社区回收本身具有得天独厚的优越性，但调研的结果显示目前小区回收还没有得到认可，这与小区宣传力度欠缺和实际运作情况有关。

　　接受调查的社区居民中，大部分认为回收后的废旧家电被用作产品再制造、材料再循环和二手产品再销售，也就是说，大多数居民认为被回收后的废

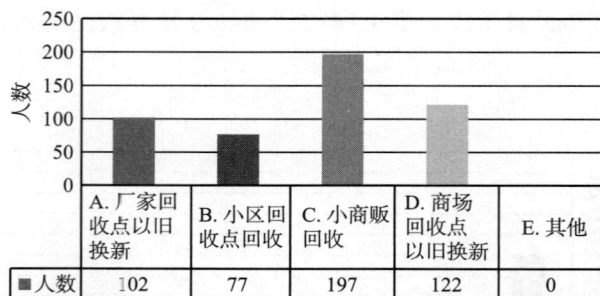

	A. 厂家回收点以旧换新	B. 小区回收点回收	C. 小商贩回收	D. 商场回收点以旧换新	E. 其他
■人数	102	77	197	122	0

图 1-10　社区居民对废旧家电回收处理途径的了解情况

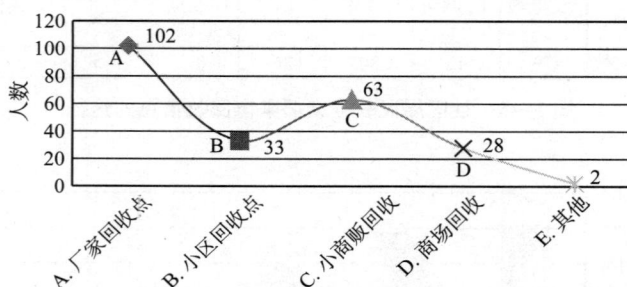

图 1-11　社区居民认为最优回收途径

旧家电在一定程度上能实现资源的循环利用，但也有少数居民不清楚或根本不关心废旧家电回收后的用途。在调研过程中获知，有的居民认为由于回收目的不同，回收途径也不同，最终导致回收之后的用途也不相同，具体到回收后怎么用，就跟自己没关系了，具体数据如图 1-12 所示。该结果表明，对废旧家电回收后的处理及再利用知识需要加大宣传力度。

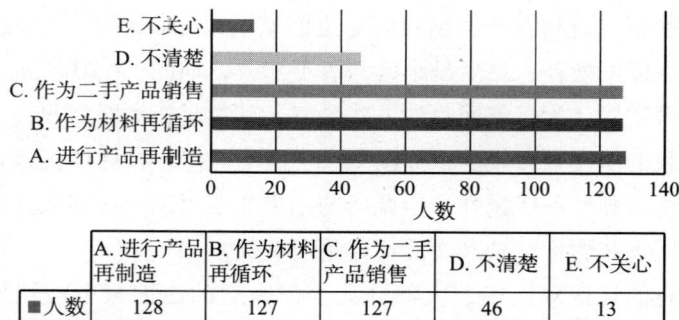

	A. 进行产品再制造	B. 作为材料再循环	C. 作为二手产品销售	D. 不清楚	E. 不关心
■人数	128	127	127	46	13

图 1-12　社区居民对废旧家电回收后的用途的理解

2. 关于废旧家电回收处理

在了解废旧家电回收处理之前,多数居民将废旧家电卖给小商贩或在家闲置,也有部分居民将废旧家电送给有需求的亲朋好友,少数居民会随意丢掉或捐赠,如图 1 – 13 所示。从图 1 – 14 可以看出,社区居民处理的废旧家电的种类比较多,有彩电、冰箱、洗衣机等。在调研过程中获知,部分居民还处理过像音响、电风扇、电水壶等小家电,大部分居民曾经处理过彩电、洗衣机、冰箱等比较常用的家电。其中,处理过彩电的居民占接受调查居民总数的 69%,处理过洗衣机的居民占总人数的 43%,处理过冰箱的居民占到 39%。针对多数居民有闲置废旧家电的情况,应制定相应措施激励居民进行回收处理。

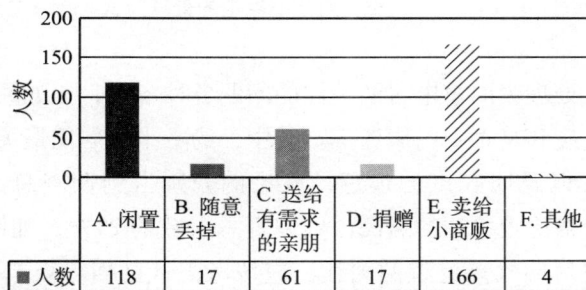

	A. 闲置	B. 随意丢掉	C. 送给有需求的亲朋	D. 捐赠	E. 卖给小商贩	F. 其他
■ 人数	118	17	61	17	166	4

图 1 – 13　社区居民对废旧家电的处理方式（了解废旧家电回收处理之前）

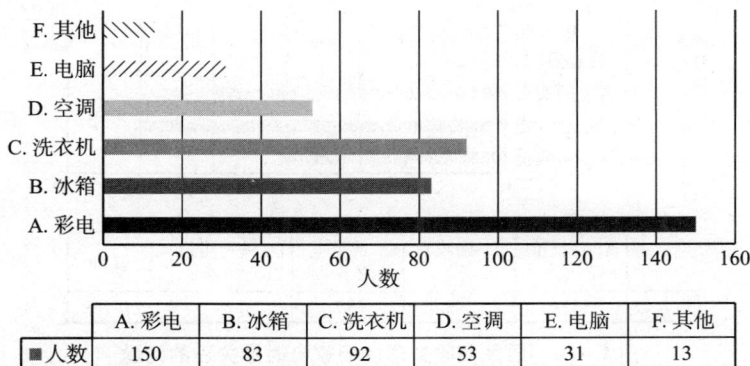

	A. 彩电	B. 冰箱	C. 洗衣机	D. 空调	E. 电脑	F. 其他
■ 人数	150	83	92	53	31	13

图 1 – 14　居民处理的废旧家电种类

社区居民在处理废旧家电时,绝大多数居民都有直接把废旧家电卖给上门叫卖的小商贩的经历。接受调查的居民中，有接近一半的居民曾经把废旧家电送往商场回收点，以旧换新、差额补贴、处理旧家电和购买新家电。厂家上门回收和送往小区回收点的居民比较少，如图1-15所示。

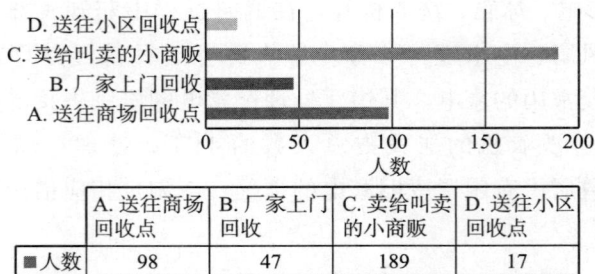

	A. 送往商场回收点	B. 厂家上门回收	C. 卖给叫卖的小商贩	D. 送往小区回收点
■ 人数	98	47	189	17

图1-15 居民对废旧家电的处理方式

居民在回收处理废旧家电时最关注的问题各种各样，比如回收价格、回收点离家的远近程度和是否上门服务等。其中，约一半的居民最关注的是回收商是否上门服务，以及回收点的远近，该比例分别占到调查总人数的52%和47%，对回收价格比较关注的居民占到调查总人数的29%，如图1-16所示。针对约半数居民对回收点远近的关注，应该考虑社区回收点具有"近"的优越性而建立规范的社区回收点。

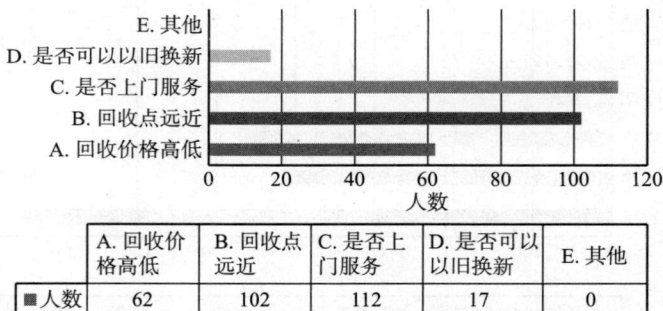

	A. 回收价格高低	B. 回收点远近	C. 是否上门服务	D. 是否可以以旧换新	E. 其他
■ 人数	62	102	112	17	0

图1-16 居民回收处理废旧家电时最关注的问题

对于回收价格的问题，绝大多数被调查者认为废旧家电的回收价格是该家电购买时价格的10%最合适，如图1-17所示。该调研结果为废旧家电回收价格的制定具有重要的参考作用。基于调研结果，第5章考虑废旧产品回收价格对新产品需求的影响，研究废旧产品定价策略。

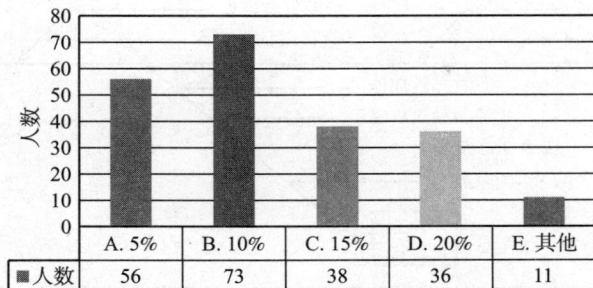

	A. 5%	B. 10%	C. 15%	D. 20%	E. 其他
■人数	56	73	38	36	11

图1-17　废旧家电回收价格（购买价格的百分比）

从上面以废旧家电为例的问卷调查结果可以看出：顾客对于废旧产品回收处理的好处有较高的认识；顾客在处理废旧产品时，绝大多数直接把废旧产品卖给流动商贩，也有接近一半的顾客曾经把废旧产品送往商场回收点，以旧换新；顾客返还废旧产品时最关注的是回收商是否上门服务及回收点的远近，另外还有废旧产品回收价格的高低。

1.3.3 顾客废旧产品返还行为发生过程

废旧产品返还行为主要是指：顾客将自己的废旧产品返还给原始制造商，不包括小商小贩回收的情况。顾客返还行为发生的过程如图1-18所示。该过程主要包括三个阶段：获取废旧产品返还信息、产生返还产品愿望和咨询返还产品流程。顾客主要是通过生产商网络宣传、已返还产品的朋友在朋友圈发送返还产品信息、走访亲朋好友获得的信息或通过国家政策获取信息；之后，顾客受亲朋好友影响、激励措施吸引和国家鼓励，以及有经济回馈补偿，于是顾客产生返还产品的愿望；最后，顾客进一步对返还产品的流程进行咨询，主要通过正规回收点咨询，亲朋好友咨询或直接咨询生产商等；最后，顾客返还行为发生。

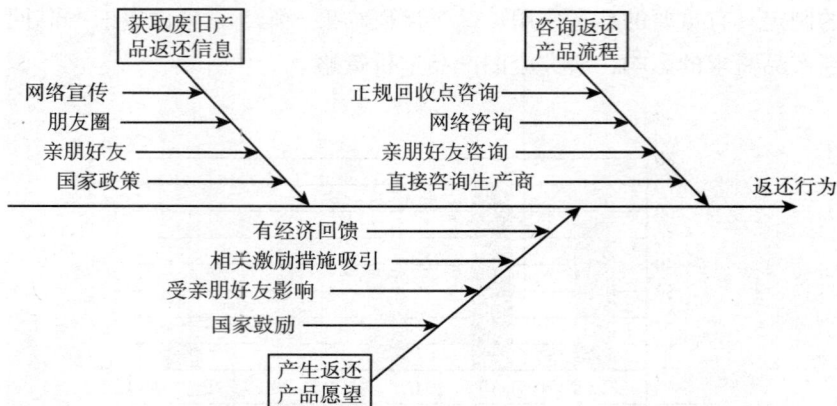

图 1 - 18　顾客废旧产品返还行为发生过程

1.3.4　顾客废旧产品返还行为的价值

1. 对整体供应链的价值

在涉及废旧产品回收的逆向供应链和闭环供应链中，废旧产品供应量的充足与否是这些供应链顺利运作的关键，而顾客对废旧产品的返还行为决定着废旧产品的供应量。换句话说，顾客对废旧产品返还行为主导着这些供应链的成功运作。

2. 对顾客自身的价值

废旧产品对于顾客来说，闲置不用既占用空间也占用资金，而顾客的返还行为不仅解决了闲置的问题，还体现了顾客为废旧资源回收再利用作出的贡献。

1.4　顾客以旧换新/以旧换再行为

废旧产品以旧换新和以旧换再，一方面激励了顾客对自身拥有的废旧产品的返还行为，另一方面也促进了新产品和再制造产品的消费。

1.4.1　以旧换新与以旧换再政策

1. 以旧换新实施办法

关于汽车和家电以旧换新，我国政府出台了相关实施办法，见表 1 - 5。

表 1 – 5		我国以旧换新政策	
政策	通知下发时间	实施时间	补贴标准
《家电以旧换新实施办法》	2009 年 6 月	规定 2009 年 6 月 1 日至 2010 年 5 月 31 日期间，在北京、天津、上海、江苏、浙江、山东、广东、福州和长沙 9 省市试点开展电视机、电冰箱、洗衣机、空调、电脑 5 类家电产品以旧换新	家电补贴标准为：按新家电销售价格的 10% 给予补贴，补贴上限为：电视机 400 元/台，冰箱（含冰柜）300 元/台，洗衣机 250 元/台，空调 350 元/台，电脑 400 元/台
《家电以旧换新实施办法（修订稿）》	2010 年 6 月	推广实施期定为 2010 年 6 月 1 日至 2011 年 12 月 31 日，家电以旧换新政策实施范围扩大至 23 个省及新疆生产建设兵团	
《汽车以旧换新实施办法》	2009 年 7 月	补贴范围：在 2009 年 6 月 1 日至 2010 年 5 月 31 日期间，将符合条件的汽车交售给依法设立的指定报废汽车回收拆解企业，并换购新车的（报废汽车的车主名称与换购新车车主名称应一致）	报废老旧汽车的补贴标准为 4000 ~ 6000 元不等；报废"黄标车"的补贴标准为 3000 ~ 6000 元不等

注：根据我国汽车和家电以旧换新实施办法的通知整理而成。

2. 以旧换再实施方案

为推动再制造产品的销售和废旧产品的回收，2013 年，我国出台了《再制造产品"以旧换再"试点实施方案》，国家牵头选择汽车零部件等再制造产品，组织开展再制造产品"以旧换再"试点补贴工作。2014 年 9 月，又发布了《再制造产品"以旧换再"推广试点企业评审、管理、核查工作办法》和《再制造"以旧换再"产品编码规则》，再次推进"以旧换再"试点工作。我国再制造产品"以旧换再"的政策是再制造产品市场和废旧产品供应非常重要的驱动因素。

1.4.2　顾客以旧换新/以旧换再行为影响因素

为了分析顾客以旧换新/以旧换再行为影响因素，本小节做了相关问卷调查（见附录 A），获得数据见表 1 – 6 和表 1 – 7。

表 1 – 6 顾客与以旧换新调研数据

问题	选项	比例/（%）
您熟悉废旧产品以旧换新吗？（比如您不再使用的废旧家电）	A. 熟悉	33
	B. 听说过	55
	C. 不清楚	12
您愿意将废旧产品进行以旧换新吗？（如果可以以旧换新）	A. 非常愿意	43
	B. 愿意	42
	C. 不愿意	5
	D. 不确定	9
	E. 其他（请注明）：	1
如果您不愿意将废旧产品以旧换新，原因是什么？（多选项）	A. 手续比较麻烦	27
	B. 不方便，路途远	37
	C. 不知道何处可以以旧换新	47
	D. 折扣力度不大	47
	E. 其他（请注明）：	6
如果您愿意将废旧产品以旧换新，您有过以旧换新的经历吗？感觉如何？	A. 经历多次，感觉不错	13
	B. 仅有一次，比较满意	14
	C. 还没有，准备有机会尝试一下	72
	D. 其他（请注明）：	1

表 1 – 7 顾客与以旧换再调研数据

问题	选项	比例/（%）
您对我国"以旧换再"实施方案了解吗？	A. 非常了解	5
	B. 了解	24
	C. 没听说过	68
	D. 其他（请注明）：	3
您愿意将废旧产品进行以旧换再吗？	A. 非常愿意	19
	B. 愿意	68
	C. 不愿意	9
	D. 其他（请注明）：	4

续表

问题	选项	比例/(%)
如果您不愿意将废旧产品进行以旧换再，原因是什么？	A. 认为再制造产品质量不好	34
	B. 更喜欢"以旧换新"	47
	C. 资金充足，没有必要以旧换再	11
	D. 其他（请注明）：	8
如果您愿意废旧产品进行以旧换再，您有过以旧换再的经历吗？感觉如何？	A. 经历多次，感觉不错	7
	B. 仅有一次，比较满意	14
	C. 还没有，准备有机会尝试一下	77
	D. 其他（请注明）：	2

从表1-6可以得出，88%的顾客对以旧换新熟悉或听说过，有85%的顾客愿意或非常愿意进行以旧换新，但是仅有27%顾客有过一次或多次以旧换新的经历，不过72%的顾客准备有机会尝试一下。而对于不愿意进行以旧换新的顾客，多数认为折扣力度不大或不知道何处可以以旧换新，其次是不方便、路途远或手续比较麻烦。由此可见，顾客对于废旧产品以旧换新的热情比较高，只要商家提供方便的以旧换新服务，那么以旧换新前景广阔。

对于以旧换再，从表1-7可以看出，仅有29%的顾客对以旧换再了解或非常了解，多数顾客没有听说过。但是却有87%的顾客愿意或非常愿意进行以旧换再，也有21%的顾客已经有过一次或多次以旧换新的经历，且77%的顾客准备有机会尝试一下。而对于不愿意进行以旧换再的顾客，多数更喜欢"以旧换新"或认为再制造产品质量不好，其次是认为自己资金充足，没有必要以旧换再。由此可见，只要商家提高宣传力度、保障再制造产品质量，则可以开拓再制造产品市场，通过再制造产品盈利。

1.4.3 顾客以旧换新/以旧换再行为发生过程

顾客以旧换新行为发生的过程如图1-19所示。该过程主要包括三个阶段：获取以旧换新信息、产生以旧换新冲动和咨询以旧换新流程。顾客主要是通过生产商媒体宣传、已有过以旧换新经历的朋友发送朋友圈信息、走访亲朋好友获得的信息或通过国家政策获取信息；之后，顾客受亲朋好友影响、被折扣吸引和国家鼓励，而且还有个人愿望，于是顾客产生以旧换新的冲动；最后，顾客进一步对以旧换新流程进行咨询，主要通过到提供以旧换新服务的零售商咨询、亲朋好友咨询或直接咨询制造商等；最后，顾客以旧换新行为发生。顾客以旧换再行为与以旧换新行为类似。

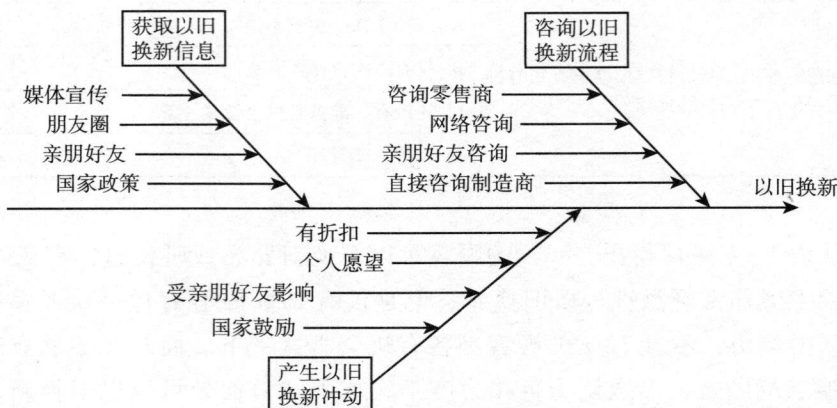

图 1-19　顾客以旧换新行为发生过程

1.4.4　顾客以旧换新/以旧换再行为的价值

1. 对整体供应链的价值

顾客以旧换新行为既拉动了正向供应链中新产品的销售量，也增加了逆向供应链中废旧产品的回收量。顾客以旧换再行为既拉动了正向供应链中再制造产品的销售量，也增加了逆向供应链中废旧产品的回收量。因此，顾客以旧换新/以旧换再行为的主导地位在供应链中非常显著。

2. 对顾客自身的价值

不论是废旧产品以旧换新，还是以旧换再，都为顾客提供了价格上的折扣，因此，顾客以旧换新/以旧换再行为不仅可以促进废旧产品的回收量，也使顾客从中获益。

1.5 顾客再制造产品购买行为

近十年来，在对再制造的推进、研究和实践中，各国政府出台了相关的政策法规，理论界取得了许多有益的研究成果，企业界获得了很多宝贵的实践经验。再制造越来越引人注目，规模越来越大。本节首先从顾客和企业的角度讨论再制造双向动力源模型，然后通过问卷调查分析顾客再制造产品购买行为的影响因素，继而讨论顾客再制造产品购买行为的发生过程等。

1.5.1 再制造双向动力源模型

再制造双向动力源模型如图1-20所示。顾客是再制造产品市场和废旧产品供应的主角。再制造产品市场取决于顾客对再制造产品的购买动力，当顾客的购买动力不足时，再制造产品市场不佳；废旧产品供应取决于顾客对废旧产品的返还动力，当顾客返还动力不足时，废旧产品供应不畅。

对于顾客而言，有两个与再制造产品市场和废旧产品供应密切相关的问题（图1-20）：一是，当面对同类新产品和再制造产品时，顾客是否"愿意"购买再制造产品；二是，当购买的产品经使用成为废旧产品、而顾客面对可选处置方式（通过正规回收渠道将废旧产品返还给实施再制造的原始制造商，或通过非正规渠道回收或直接废弃）时，顾客是否"愿意"通过正规回收渠道将

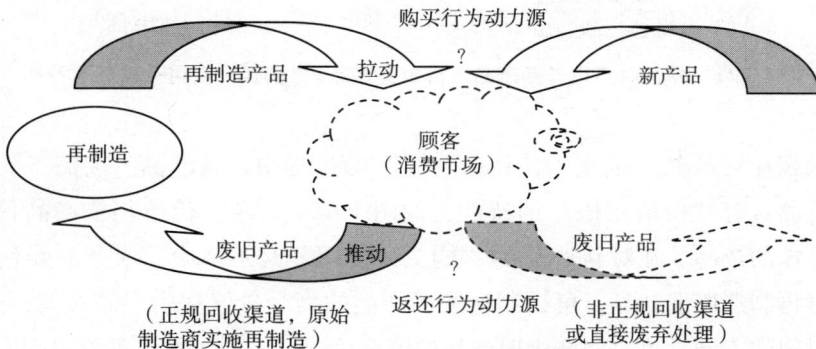

图1-20 再制造双向动力源模型

废旧产品返还给原始制造商进行再制造。两个"愿意"即为再制造的双向动力源：顾客购买行为动力源和顾客返还行为动力源。

顾客对产品（包括再制造产品和新产品）"购买—使用—返还"过程中的购买和返还不是彼此独立的过程，而是相互关联的，如图 1 - 21 所示。

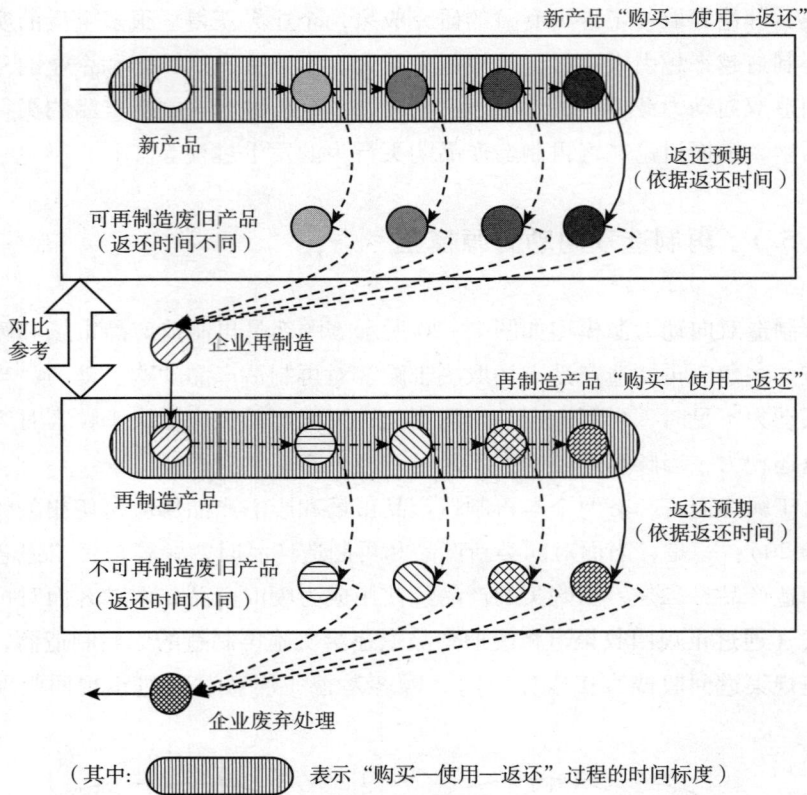

图 1 - 21　顾客对产品（新产品、再制造产品）"购买—使用—返还"行为

顾客在对产品"购买—使用—返还"的过程中，新产品、废旧产品和再制造产品具有"价值相依"的特性，如图 1 - 21 所示。价值相依产品是指价值有传承的产品。在对新产品的"购买—使用—返还"中，新产品经使用后成为可再制造废旧产品，可再制造废旧产品的剩余价值和新产品有关，而且，返还时间的不同，可再制造废旧产品的剩余价值也不同，即可再制造废旧产品和新产品价值相依；可再制造废旧产品回收后经企业再制造成为再制造产品，

再制造产品的成本决定于可再制造废旧产品的剩余价值，即再制造产品和可再制造废旧产品价值相依。在对再制造产品的"购买—使用—返还"中，再制造产品经使用后成为不可再制造废旧产品，不可再制造废旧产品的剩余价值和再制造产品有关，而且，返还时间的不同，不可再制造废旧产品的剩余价值也不同，即不可再制造废旧产品和再制造产品价值相依。部分顾客在作出是否购买或返还的决定时会在某种程度上受到"价值相依"的影响，这部分顾客即为策略顾客，而它又不同于传统定义的策略顾客。

产品"购买—使用—返还"过程中策略顾客主要是指再制造产品策略购买者和可再制造废旧产品策略返还者。再制造产品策略购买者是指"若顾客欲购买再制造产品，而企业不负责回收该产品使用后的废旧产品，或顾客通过'对比参考'发现购买再制造产品不如购买新产品，则策略购买者选择离开"；而非策略购买者对是否回收不关心，也不进行对比参考。可再制造废旧产品策略返还者是指"若顾客欲返还废旧产品，而企业对该废旧产品的回收价格和顾客根据决策参考点所形成的'返还预期'差距较大，策略返还者会选择不返还或选择另一处置方式"；而非策略返还者对企业回收价格的高低等并不关注。

另外，从企业的角度，由于再制造双向动力源的相互作用，面对"购买—使用—返还"过程中的策略顾客，包括三种选择：①当企业将新产品销售给顾客时，顾客自然就成为可再制造废旧产品的供应者。由于顾客有两种可选处置方式（图1-20），如何确保顾客将其废旧产品返还给自己而不是另做处置，是企业获取可再制造废旧产品用以实施再制造的关键。企业需要针对影响再制造双向动力源的关键因素制定相应的定价策略，确保可再制造废旧产品的来源。②当企业将生产的再制造产品销售给顾客时，顾客也自然成为废旧产品的供应者，而该类废旧产品可能不可以再次实施再制造。企业是否还应以一定的回收价格来激励顾客返还此类废旧产品？如何定价？对这些问题的处理策略，无疑会影响到顾客对再制造产品的购买动力。③企业在再制造过程中，新产品、废旧产品和再制造产品具有"数量相依"的特性。"数量相依"产品是指数量相互制约的产品。例如，新产品市场是可再制造废旧产品供应的保障，可再制造废旧产品的数量依赖于新产品；可再制造废旧产品供应是再制造产品的基石，再制造产品数量依赖于可再制造废旧产品数量。即如果新产品销量不足，则可再制造废旧产品供应量受到限制，从而影响再制造的实施。企业需要考虑影响再制造双向动力源的关键因素制订相应的"数量相依"产品的联合计划。

1.5.2　顾客再制造产品购买行为影响因素

为了解顾客对再制造产品的购买意愿和行为，通过问卷调查方式，对顾客购买再制造产品行为进行了分析，相关数据见表1－8。

表1－8　　　　　　　　　　　　**顾客与再制造调研数据**

问题	选项	比例/（%）
您选择购买再制造产品的原因是？（多选题）	A. 技术性能、安全、质量符合原产品相关标准的要求	43
	B. 与同类新产品有同样的质量保修期	43
	C. 价格便宜	35
	D. 有利于环保	57
	E. 其他（请注明）：	2
您不选择购买再制造产品的最主要原因是？	A. 对再制造产品不了解，担心质量不可靠	70
	B. 新产品质量有保证，价格高点无所谓	27
	C. 其他（请注明）：	3
如果您愿意购买再制造产品，您有购买的经历吗？感觉如何？	A. 购买多次，感觉很好	8
	B. 仅购买一次，比较满意	10
	C. 还没有，准备有机会尝试一下	78
	D. 其他（请注明）：	4
您认为政府的相关政策对您购买再制造产品的作用如何？	A. 非常重要	27
	B. 比较重要	25
	C. 有一定作用	45
	D. 其他（请注明）：	3

从表1－8可以得出，就目前来看，在愿意购买再制造产品的顾客中，选择购买再制造产品的原因有：43%顾客因为再制造产品"技术性能、安全、质量符合原产品相关标准的要求"；43%的顾客因为再制造产品"与同类新产品有同样的质量保修期"；35%的顾客因为再制造产品"价格便宜"；57%的顾客因为再制造产品"有利于环保"。

但是，从调查数据来看，真正购买再制造产品的顾客比例并不大：18%的顾客有过一次或多次购买再制造产品的经历，感觉不错；78%的顾客没有购买再制造产品的经历，不过准备有机会尝试一下。

对于不愿意购买再制造产品的顾客来说，其原因包括：70%的顾客认为"对再制造产品不了解，担心质量不可靠"；27%的顾客认为"新产品质量有保证，价格高点无所谓"。

关于政府的相关政策对顾客购买再制造产品的作用，52%的顾客认为比较重要或非常重要，45%的顾客认为有一定作用。总体来说，政府的相关政策很大程度上激励了顾客对再制造产品的购买行为。

1.5.3 顾客再制造产品购买行为发生过程

顾客再制造产品购买行为发生的过程如图1-22所示。该过程主要包括三个阶段：获取再制造产品信息、产生购买愿望和咨询购买流程。首先，顾客主要是通过生产商媒体宣传、已购买过再制造产品的朋友在朋友圈发的信息、走访亲朋好友获得的信息或通过国家政策获取信息；其次，顾客受亲朋好友影响、有优惠和国家鼓励，还被再制造产品吸引，于是顾客产生购买再制造产品的愿望；再次，顾客进一步对再制造产品流程进行咨询，主要通过销售再制造产品的零售商咨询、亲朋好友咨询或直接咨询再制造商等；最后，顾客再制造产品购买行为发生。

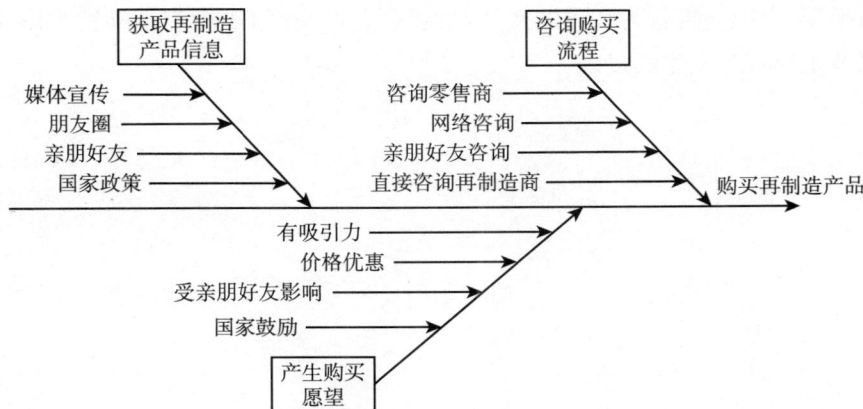

图1-22 顾客再制造产品购买行为发生过程

1.5.4　顾客再制造产品购买行为的价值

1. 对整体供应链的价值

再制造产品和新产品不同。对于顾客而言，购买新产品不用担心质量问题，而对再制造产品的质量存有疑问。再制造产品的质量影响着顾客的购买行为，因此，在再制造产品质量有保障的前提下，顾客对再制造产品的购买行为将提高再制造产品的销售量。

2. 对顾客自身的价值

尽管顾客对再制造产品质量存有疑问，但按质量规范要求，再制造产品的质量和新产品的质量相当，而销售价格却比新产品低很多。因此，顾客对再制造产品的购买行为也可使自身获益。

1.6　本章小结

本章主要得出以下研究结果。

（1）从产品生命周期的角度，探讨了产品从新产品（或定制产品）到废旧产品、从废旧产品到再制造产品或可再利用产品的过程中不同阶段、不同质量产品的顾客行为，并对顾客主导行为进行了分析。

（2）针对顾客主导行为，即顾客定制产品定制行为、废旧产品返还行为、以旧换新/以旧换再行为和再制造产品购买行为，探讨了顾客主导行为影响因素以及主导行为发生的过程。

第 2 章
顾客行为主导的供应链

第 1 章介绍了四种顾客主导行为：定制产品定制行为、以旧换新/以旧换再行为、废旧产品返还行为以及再制造产品购买行为。在此基础上，本章主要探讨四种顾客行为主导的供应链的结构和特点，包括顾客定制产品定制行为主导的供应链（C – dominated 供应链）、以旧换新/以旧换再行为主导的供应链（T – dominated 供应链）和废旧产品返还行为与再制造产品购买行为主导的供应链（R&B – dominated 供应链）。

2.1　供应链简介

2.1.1　供应链的定义和种类

1. 供应链的定义

供应链是指产品生产和流通过程中所涉及的原材料供应商、制造商、分销商、零售商以及最终消费者等所组成的、具有特定功能的需求网络，它是为实现客户需求的、具有特殊功能的动态网络[19]。传统意义上的供应链是指新产品正向供应链。

新产品供应链的一般结构如图 2 – 1 所示，是一个网链结构。在该供应链中，从供应市场到消费市场，原材料供应商依据零部件供应商提供的订购信息，为零部件供应商供应新原材料；零部件供应商依据制造商提供的订购信息，为制造商供应新零部件；制造商依据市场需求信息生产新产品，并通过批发商、零售商销售给消费市场的顾客。供应链中的信息流是从消费市场到供应市场逐级传递的。

图2-1以单一制造商为例，如果有多个制造商或一个公司有多个处于不同地理位置的制造厂，其供应链结构可看作是由多个图2-1组成的，以下同。

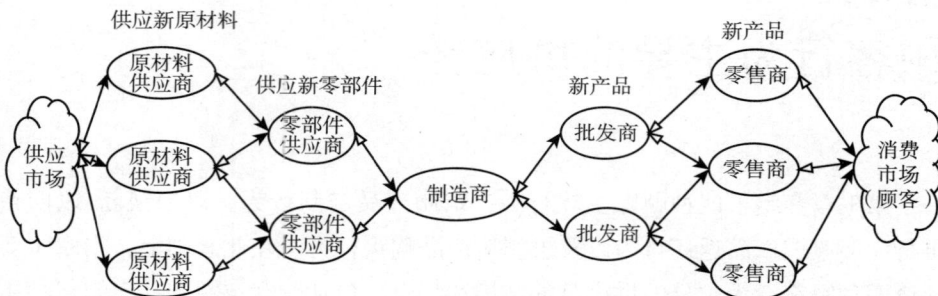

图 2-1 供应链结构示意图

注：——→ 表示物流；←—— 表示信息流。

（1）供应链成员方面。供应链成员包括原材料供应商、零部件供应商、制造商、批发商和零售商。其中，原材料供应商是指多个原材料供应商，零部件供应商、批发商和零售商也分别是指多个零部件供应商、多个批发商和多个零售商。此处，制造商仅考虑单一制造商。

（2）物流方面。供应链物流中物品包括新原材料、新零部件、新产品。原材料供应商提供新原材料给零部件供应商、零部件供应商提供新零部件给制造商，制造商将新产品通过批发商和零售商将新产品销售给顾客。

（3）信息流方面。制造商通过市场调研或通过批发商和零售商获取新产品市场需求信息，并将所需要的新零部件信息发送给零部件供应商；零部件供应商获取新零部件需求信息后，将原材料需求信息发送给原材料供应商。

2. 供应链的种类

供应链可以按物流方向、生产模式、物流驱动模式、运作模式、物流涉及的空间范围不同等进行分类[20]，如图2-2所示。

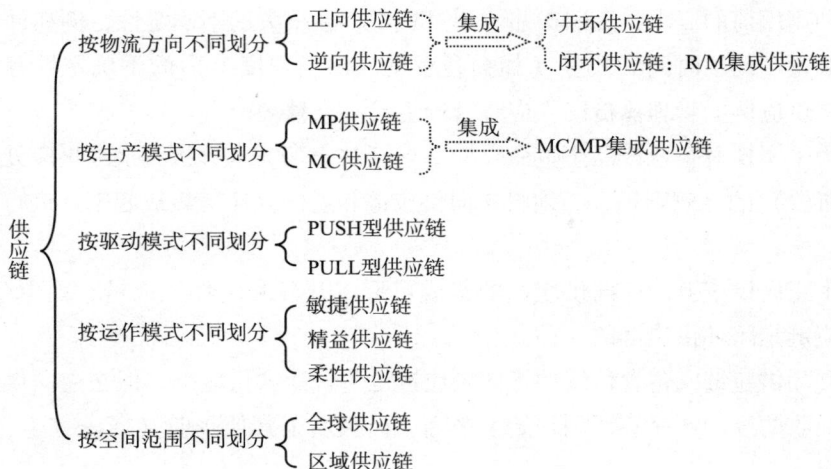

图 2 - 2　供应链的分类

（1）按物流方向不同划分。按物流方向不同划分，供应链可以分为正向供应链和逆向供应链。

正向供应链，也就是传统供应链，是指围绕核心企业，通过对信息流、物流、资金流的控制，从采购原材料开始，到制成中间产品以及最终产品，最后由销售网络把产品送到消费者手中，将供应商、制造商、分销商、零售商直至最终用户，连成一个整体的功能网链结构模式[21]。供应链管理包括了对涉及采购、外包、转化等过程的全部计划和管理活动、全部物流管理活动。更重要的是，它也包括了与渠道伙伴之间的协调和协作，涉及供应商、中间商、第三方服务供应商和客户。从本质上说，供应链管理是企业内部和企业之间的供给与需求管理的集成[22]。

逆向供应链之所以称为"逆向"，是相对于正向供应链而言的。它是指为了从客户手中回收使用过的产品所必需的一系列活动，其目的是对回收品进行处理，或者再利用[23]。逆向供应链的具体问题主要包括：产品回收预测、产品回收、逆向物流、生产计划、库存、检测分类、再制造或处置、第二市场开发、分销与销售、使用支持与服务等[24]。逆向供应链的特性：逆向供应链的竞争往往发生在废旧产品的收集和供应上，逆向供应链的协调与激励也更关注废旧产品供应的保证，正向供应链则关注商品的供应和需求；由于废旧产品总量是有限的，不可能无限收集，因此，废旧产品的供应不能无限地满足产品回收再利用厂商的需求；废旧产品收集过程中存在很大的不确定性，例如回收产品的数量、到达时间和质量（如损耗程度、污染程度等）的不确定性等，因此逆向供应链的管理比传统供应链管理更具复杂性。

为了实现对企业产品全生命周期（包括从市场需求分析到最终报废处理的各个阶段）的有效管理，必须将正向供应链和逆向供应链集成起来，进行集成管理。

由正向供应链和逆向供应链的集成可形成开环和闭环供应链，而 R/M 集成供应链是闭环供应链的一种。

开环供应链既包含传统的正向供应链也包含逆向供应链，但在逆向供应链中，回收的废旧产品不回到初始生产商，而被用于其他企业（第三方生产商）的情况。

闭环供应链不仅包含传统的正向供应链，同时还包含废弃品回收再利用的逆向供应链，而最重要的是两条链上的物流并非相互独立而是呈现出"从源到汇，再由汇到源"的闭环特征[25]。废弃品回收再利用的方式有：再使用、再循环、再制造和废弃处理；而再制造技术是一种从废旧产品中获取最高价值的方法，是一种更为符合可持续发展的回收利用方式。

R/M 集成供应链是指再制造/制造并存情况下的供应链系统。再制造（Re-manufacturing）是一个统筹考虑产品零部件全寿命周期管理、利用原有零部件并采用再制造成型技术，使零部件恢复尺寸、形状和性能，形成再制造产品的系统工程。R/M 集成供应链既包括传统的由制造/再制造厂→存储批发商→消费区域的正向供应链，又包括由消费区域→拆解中心→制造/再制造厂的逆向供应链，是一种闭环供应链[26]。R/M 集成供应链的特性是：①R/M 集成供应链将制造商、供应商、回收商（零售商或第三方）以及分销商有机地集成起来，将原来相互分离、相互独立的运行模式改变为相互关联的整体，可以改善企业的环境行为，提高企业在公众中的形象，减少产品对环境的污染及资源的消耗。②R/M 集成供应链将空间范围进一步外延，扩展到逆向供应链相关企业及其活动上，与外部的各种交换大大拓展。产品生命终结后的回收处理，将导致企业、产品和用户三者之间的新型集成关系的形成。③R/M 集成供应链将产品生命周期大大外延，其产品生命周期不仅包括本代产品生命周期的全部时间，而且还包括本代产品报废或停止使用后，产品或其有关零部件在多代产品中的循环使用和循环利用的时间。④R/M 集成供应链的信息网络将为再制造和制造系统的有机结合、顺利实施提供有力的保障。⑤R/M 集成供应链是一种新型的、符合可持续发展理念的供应链系统。

（2）按生产模式不同划分。按生产模式不同划分，供应链可以分为 MP（Mass Production）供应链和 MC（Mass Customization）供应链。

MP 供应链是传统的供应链，具有正向供应链的特征，是实施大规模生产的企业所具有的供应链。大规模生产的供应链是推动型供应链，供应链追求的目标是如何提高供应链的效率和降低供应链的成本。

MC 供应链是实施大规模定制的企业所特有的供应链。大规模定制是在高效率的大规模生产的基础上，通过产品结构和制造过程的重组，运用现代信息技术、新材料技术、柔性技术等一系列高新技术，以大规模生产的成本和速度，为单个顾客或小批量多品种市场定制任意数量的产品的一种生产模式[27]。大规模定制供应链是以需求拉动为主、推拉相结合的供应链，供应链追求的目标在于快速而又低成本地向客户提供定制化的产品。

由 MP 供应链和 MC 供应链集成形成 MC/MP 供应链。

MC/MP 集成供应链是指同时实施 MC 与 MP 两种生产模式的企业（简称 MC/MP 企业）所特有的供应链系统。MC/MP 集成供应链的特性是：①MC 供应链追求的目标在于快速而又低成本地向客户提供定制化的产品，MP 供应链追求的目标在于如何提高供应链的效率和降低供应链的成本。MC 供应链的前阶段是生产推动型供应链、后阶段是市场需求拉动型供应链，MP 供应链则完全是生产推动型供应链。由于 MC 供应链与 MP 供应链在追求的目标、类型上存在差异，使得 MC/MP 企业对 MC/MP 供应链的管理必须面对许多新的挑战。②MC/MP 供应链的结构既不同于 MC 供应链的结构，也不同于 MP 供应链的结构，而是两种供应链结构的有机组合。对于 MC/MP 企业来说，实施 MC 与 MP 有不同的方式，即：在同一加工厂完成，MC 与 MP 可能共用一条生产线，也可能使用独立的生产线；MC 与 MP 在不同的专用工厂完成。由于实施方式的不同，MC/MP 供应链的结构也会有所差异。③在 MC/MP 供应链中，由于大规模定制的介入，使得原本平稳的大规模生产产生了波动。企业在实施大规模定制的初期，定制产品需求量较小，定制产品和标准产品可能在同一个工厂完成；随着定制产品需求量的增加，由于生产能力的限制，定制产品和标准产品可能在不同的工厂完成，企业需要建立大规模定制专用工厂。④MC/MP 供应链生产计划调度及优化过程是典型的随机、动态、多目标优化过程。由于大规模定制产品需求的随机性，导致了 MC/MP 供应链环境下生产计划的动态性。

（3）按驱动模式不同划分。按驱动模式不同划分，供应链可以分为 PUSH 型供应链和 PULL 型供应链[28]。

PUSH 型供应链即生产推动型供应链，是指供应链中的产品的生产是根据市场预测和企业计划来进行的，表现为按库存生产。这种供应链驱动模式适用于大批量生产的功能型产品，产品的品种、规格比较单一，产品的生命周期较长。生产推动型供应链管理的主要任务在于协调供应链各成员、加强供应链各成员之间的合作，使供应链能够作为一个有机整体统一运作，从而降低供应链中的浪费，提高整个供应链的效益，即追求供应链的精益性。

PULL 型供应链即需求拉动型供应链，是指供应链中的产品的生产是根据客户订单来进行的，表现为按订单生产。这种供应链驱动模式适用于价值昂贵的定制产品。需求拉动型供应链管理的主要任务在于缩短客户提出定制需求到得到定制化产品之间的时间，加速供应链对客户定制需求的反应速度，即追求供应链的敏捷性。

（4）按运作模式不同划分。按运作模式不同划分，供应链可以分为敏捷供应链、精益供应链和柔性供应链等。

敏捷供应链是指在易变的市场条件下使用高新技术、市场信息及虚拟组织以发掘可获利的机会，以需求为基础而运作的供应链。因此更适合市场需求变化不定、技术更新迅速的产品[29]。

精益供应链是指以消除包括时间在内的所有浪费为目的，以拟订平准化生产计划（Level Schedule）为手段所建立的供应链。精益有助于削减浪费，降低成本，提高生产率，适合生命周期长、多样性低、大批量生产的产品[29]。

柔性供应链是指该供应链具有柔性。供应链柔性是指供应链应该具有对需求变化的动态响应能力，并强调供应链伙伴之间的相互依赖性，即任何供应链参与者的柔性能力会受到整个系统柔性能力的内在限制[30]。或者说，供应链柔性是供需关系在变动供应条件下具有的弹性[31]。

（5）按空间范围不同划分。按空间范围不同划分，供应链可以分为全球供应链和区域供应链。

全球供应链是指在全球范围内、在国家之间进行的供应链活动，是国际贸易的重要组成部分，是一种新型供应链。

区域供应链是指一个国家城市之间或经济区域之间的供应链活动。

当然，供应链的分类方法不是唯一的，图2-2中仅列出了最常见的、最基本的供应链类型，而且，不同类型供应链可以组合。比如：R/M 集成供应链是正向供应链和逆向供应链的集成；MC/MP 集成供应链是 MC 供应链和MP 供应链的集成。又如，精益供应链和敏捷供应链可以组合成精益—敏捷供应链等。

20 世纪 90 年代以来，供应链管理已经成为现代企业的重要管理模式。

2.1.2　顾客行为主导的供应链内涵和分类

1. 顾客行为主导的供应链内涵

顾客行为主导的供应链是指只有依赖于顾客的行为才能够顺利运作的供应链。比如，关于定制产品的供应链依赖于顾客定制行为、关于废旧产品回收的供应链依赖于顾客废旧产品回收行为、关于以旧换新/以旧换再的供应链依赖于顾客以旧换新/以旧换再行为、关于再制造产品的供应链依赖于顾客对再制造产品的购买行为和废旧产品返还行为。

2. 顾客行为主导的供应链分类

依据第1章分析的顾客主导行为，即顾客定制产品定制行为、废旧产品返还行为、以旧换新/以旧换再行为、再制造产品购买行为，顾客行为主导的供应链分为三类，如图2-3所示。

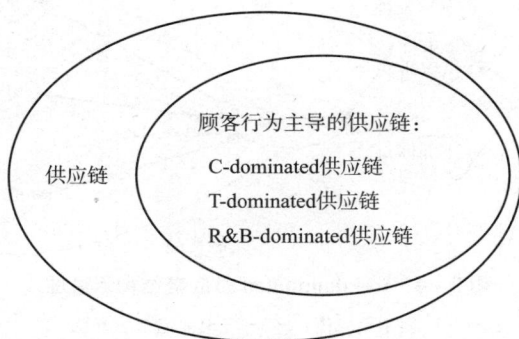

图 2-3　顾客行为主导的供应链种类

C - dominated（Customization-dominated）供应链是顾客定制产品定制行为主导的供应链；T - dominated（Trade in-dominated）供应链是顾客以旧换新/以

旧换再行为主导的供应链；R&B – dominated （Return & Buy-dominated）供应链是顾客废旧产品返还行为和再制造产品购买行为主导的供应链。下面将分别对这三类顾客行为主导的供应链进行分析和探讨。

2.2 C – dominated 供应链的结构和特点

2.2.1 C – dominated 供应链的结构

C – dominated 供应链结构如图 2 – 4 所示。在该供应链中，从供应市场到消费市场，原材料供应商依据零部件供应商提供的订购信息，为零部件供应商供应标准的或定制的原材料；零部件供应商依据制造商提供的订购信息，为制造商供应标准的或定制的零部件；制造商依据市场定制产品需求信息生产定制产品，并通过零售商或直接配送给消费市场定制产品的顾客。供应链中的信息流是从消费市场到供应市场逐级传递的，顾客既可通过零售商进行产品定制，也可以直接向制造商定制。

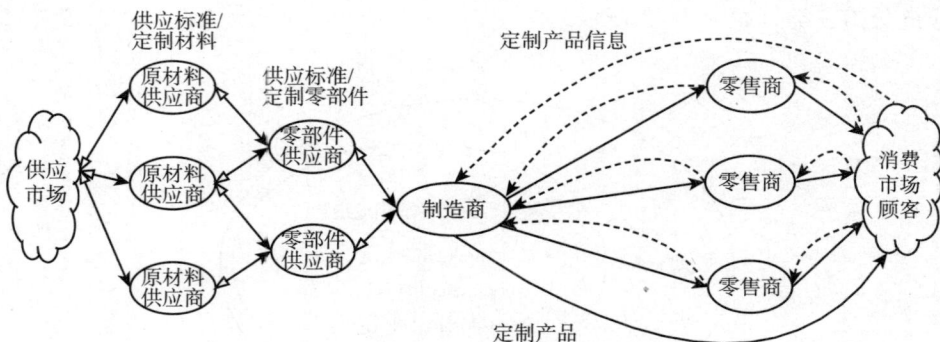

图 2 – 4 C – dominated 供应链结构示意图

注：——→ 表示物流；◄—— 表示信息流；◄---- 表示定制信息流。

2.2.2 C – dominated 供应链的特点

与一般供应链相比，C – dominated 供应链具有以下特点。

1. 供应链成员方面

该供应链成员中没有批发商。在 C – dominated 供应链中，其成员包括标准/定制材料供应商、标准/定制零部件供应商、制造商和零售商。因为顾客对产品的定制是在零售商处完成或直接在制造商处完成的，所以该供应链中没有批发商。

2. 物流方面

该供应链物流中物品比较复杂，运输的物品包括标准或定制的原材料、标准或定制的零部件、定制产品。原材料供应商提供标准/定制材料给零部件供应商、零部件供应商提供标准/定制零部件给制造商，制造商将定制产品直接或通过零售商运送给定制产品的顾客。

定制产品：定制产品由制造商直接配送给定制产品的顾客。

零部件：在大规模定制过程中，一件产品的所有零部件可能不都是定制的，而是除其中特定部分零部件定制之外，其余零部件依然用标准零部件。因此，零部件供应商供应的零部件中既有定制零部件，也有标准零部件；或者，部分零部件供应商仅供应定制零部件，而另一部分零部件供应商仅供应标准零部件；或者，部分零部件供应商既供应标准零部件也供应定制零部件，而另一部分零部件供应商仅供应标准零部件。这些零部件供应是按照制造商的产品定制计划而进行的。

原材料的供应和零部件的供应类似。

3. 信息流方面

该供应链中顾客的定制信息起主导作用。如果顾客通过零售商定制产品，则定制信息会通过零售商传送给制造商；如果顾客通过网络在制造商处定制，则定制信息直接传送给制造商。在收到顾客产品定制信息后，制造商依据顾客定制产品信息，向零部件供应商传送标准/定制零部件需求信息。零部件供应商在收到制造商的需求信息后，向原材料供应商传送标准/定制材料的需求信息。

4. 服务方面

顾客定制产品和购买产品不同，定制意味着顾客对于产品有更多的期待。通过第1章对于顾客定制产品的问卷调研可知，顾客不愿意购买定制产品的原因中有两个：一是认为定制产品价格比较高；二是等待时间比较长。因此，在 C – dominated 供应链中，定制产品价格和交货时间是非常重要的因素。

2.3　T – dominated 供应链的结构和特点

2.3.1　T – dominated 供应链的结构

T – dominated 供应链包括两种：以旧换新行为主导的（Trade in for New-dominated，TN – dominated）和以旧换再（Trade in for Remanufactured-dominated，TR – dominated）供应链，其结构如图 2 – 5 和图 2 – 6 所示。

在图 2 – 5 所示的 TN – dominated 供应链中，从供应市场到消费市场，原材料供应商依据零部件供应商提供的订购信息，为零部件供应商供应新原材料；零部件供应商依据制造商提供的订购信息，为制造商供应新零部件；制造商依据市场新产品需求信息生产新产品，并通过零售商配送给消费市场以旧换新的顾客。供应链中的信息流是从消费市场到供应市场逐级传递的，顾客只能通过零售商进行废旧产品以旧换新。

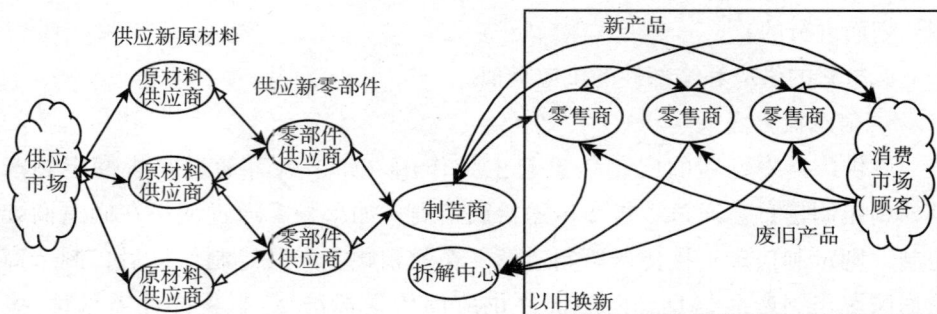

图 2 – 5　TN – dominated 供应链结构示意图

注：——→ 表示物流；——→ 表示信息流；◀—— 表示废旧产品流。

在图 2 – 6 所示的 TR – dominated 供应链中，从供应市场到消费市场，原材料供应商依据零部件供应商提供的订购信息，为零部件供应商供应新/循环利用材料；零部件供应商依据再制造商提供的订购信息，为再制造商供应新/再制造零部件；再制造商依据市场再制造产品需求信息生产再制造产品，并通过零售商配送给消费市场以旧换再的顾客。供应链中的信息流是从消费市场到供应市场逐级传递的，顾客只能通过零售商进行废旧产品以旧换再。

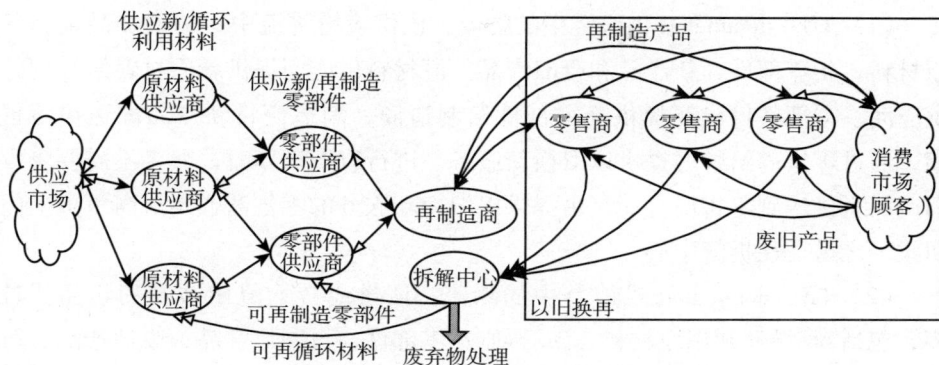

图 2－6　TR－dominated 供应链结构示意图

注：——▶ 表示物流；◀—— 表示信息流；◀═══ 表示废旧产品流；◀◁—— 表示拆解后可循环物流。

2.3.2　T－dominated 供应链的特点

与一般供应链相比，T－dominated 供应链具有以下特点。

1. 供应链成员方面

（1）TN－dominated 供应链：该供应链成员中没有批发商，增加了一个拆解中心。在 TN－dominated 供应链中，其成员包括新材料供应商、新零部件供应商、制造商、零售商和拆解中心。顾客的以旧换新是在零售商处进行，而拆解中心负责对通过以旧换新回收回来的废旧产品进行拆解，拆解后所得可再制造零部件和可再循环材料可用于产品再制造（可参见 TR－dominated 供应链），其余废弃物处理掉。拆解中心既可以隶属于制造商，也可以独立运作。

（2）TR－dominated 供应链：同 TN－dominated 供应链一样，TR－dominated 供应链成员中也没有批发商，也增加了一个拆解中心，不过这里的"制造商"由"再制造商"替代。在 TR－dominated 供应链中，其成员包括新/循环利用材料供应商、新/再制造零部件供应商、再制造商、零售商和拆解中心。顾客的以旧换再是在零售商处进行，而拆解中心负责对通过以旧换再回收回来的废旧产品进行拆解，拆解后所得可再制造零部件和可再循环材料可用于产品再制造，其余废弃物处理掉。拆解中心既可以隶属于制造商，也可以独立运作。

2. 物流方面

（1）TN－dominated 供应链中的物流：该供应链物流中运输的物品包括新原材料、新零部件、新产品和废旧产品。原材料供应商提供新原材料给零部件供应商、零部件供应商提供新零部件给制造商，制造商将新产品配送给零售商，通过零售商给顾客提供以旧换新服务。进行以旧换新时，顾客不需要将废旧产品直接送到零售商，而是由提供以旧换新服务的零售商或制造商负责上门回收，之后送往拆解中心。

（2）TR－dominated 供应链中的物流：该供应链物流中涉及的物品比较多，包括新/循环利用原材料、新/再制造零部件、再制造产品、废旧产品、可再制造零部件和可再循环材料。原材料供应商提供新/循环利用材料给零部件供应商、零部件供应商提供新/再制造零部件给再制造商，再制造商将再制造产品配送给零售商，通过零售商给顾客提供以旧换再服务。进行以旧换再时，顾客不需要将废旧产品直接送到零售商，而是由提供以旧换再服务的零售商或再制造商负责上门回收，之后送往拆解中心。拆解中心拆解后，将可再制造零部件送往零部件供应商、将可再循环材料送往原材料供应商。

3. 信息流方面

（1）TN－dominated 供应链中的信息流：该供应链中顾客以旧换新信息起主导作用。顾客通过零售商进行以旧换新，以旧换新信息会通过零售商传送给制造商。在收到顾客以旧换新信息后，零售商或制造商依据顾客以旧换新信息，安排上门回收。制造商依据市场预测制订新产品生产计划，将新零部件需求信息传送给零部件供应商，零部件供应商依据制造商的需求信息，将新原材料需求信息传送给原材料供应商。

（2）TR－dominated 供应链中的信息流：该供应链中顾客以旧换再信息起主导作用。顾客通过零售商进行以旧换再，以旧换再信息会通过零售商传送给再制造商。在收到顾客以旧换再信息后，零售商或再制造商依据顾客以旧换再信息，安排上门回收。再制造商依据市场预测制订再制造产品生产计划，将新/再制造零部件需求信息传送给零部件供应商，零部件供应商依据制造商的需求信息，将新/循环利用原材料需求信息传送给原材料供应商。拆解中心拆解后，将可再制造零部件信息和可再循环材料信息分别传送给零部件供应商及原材料供应商。

4. 服务方面

通过第 1 章中关于顾客以旧换新和以旧换再行为的分析可知，对于不愿意进行以旧换新的顾客，多数认为折扣力度不大或不知道何处可以以旧换新，其次是不方便、路途远或手续比较麻烦；而对于不愿意进行以旧换再的顾客，多数更喜欢"以旧换新"或认为再制造产品质量不好，其次是认为自己资金充足，没有必要以旧换再。因此，在 TN – dominated 供应链中，以旧换新折扣力度、宣传和提供的服务都非常重要。在 TR – dominated 供应链中，再制造产品的质量非常关键。

2.4　R&B – dominated 供应链的结构和特点

2.4.1　R&B – dominated 供应链的结构

R&B – dominated 供应链的结构如图 2 – 7 所示。在该供应链中，从供应市场到消费市场，原材料供应商依据零部件供应商提供的订购信息，为零部件供应商供应新/循环利用材料；零部件供应商依据再制造/制造商提供的订购信

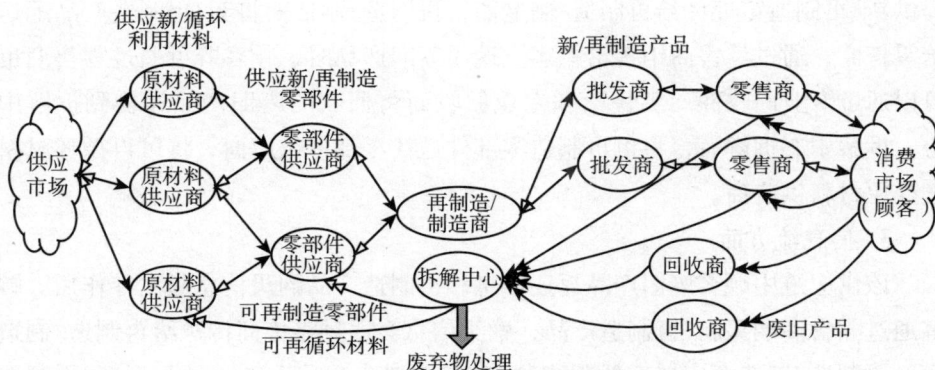

图 2 – 7　R&B – dominated 供应链结构示意图

注：───▶ 表示物流；◀─── 表示信息流；◀◀─── 表示废旧产品流；◀─── 表示拆解后可循环物流。

息，为再制造/制造商供应新/再制造零部件；再制造/制造商依据市场新/再制造产品需求信息生产新/再制造产品，并通过批发商和零售商配送给消费市场购买新/再制造产品的顾客。供应链中的信息流是从消费市场到供应市场逐级传递的，顾客可通过零售商购买，也可以通过再制造/制造商购买。逆向供应链、闭环供应链和 R/M 集成供应链都是 R&B – dominated 供应链。

2.4.2　R&B – dominated 供应链的特点

与一般供应链相比，R&B – dominated 供应链具有以下特点。

1. 供应链成员方面

该供应链成员中增加了拆解中心，该拆解中心隶属于再制造/制造商或作为第三方。在 R&B – dominated 供应链中，其成员包括新/循环利用材料供应商、新/再制造零部件供应商、再制造/制造商、批发商、零售商和回收商。拆解中心负责将回收的废旧产品进行拆解，之后可循环利用的材料提供给新/循环利用材料供应商以便进行可循环处理，可再制造零部件提供给新/再制造零部件供应商用以再制造。

2. 物流方面

该供应链物流中涉及的物品比较复杂，运输的物品包括新/循环利用原材料、新/再制造零部件、新/再制造产品、废旧产品、可再制造零部件和可再循环材料。原材料供应商提供新/循环利用材料给零部件供应商、零部件供应商提供新/再制造零部件给再制造/制造商，再制造/制造商将新/再制造产品配送给零售商，通过零售商销售给顾客。返还废旧产品时，顾客既可通过零售商也可以通过专业回收商。零售商和专业回收商将回收的废旧产品运输到拆解中心，拆解中心拆解后，将可再制造零部件送往零部件供应商、将可再循环材料送往原材料供应商。

3. 信息流方面

该供应链中顾客废旧产品返还信息和再制造产品购买信息起主导作用。顾客通过零售商购买新/再制造产品，购买信息会通过零售商传送给再制造/制造商。再制造/制造商依据市场预测制订新/再制造产品生产计划，将新/再制造零部件需求信息传送给零部件供应商，零部件供应商依据再制造/制造商的需求信息，将新/循环利用原材料需求信息传送给原材料供应商。零售商或回收

商收到顾客废旧产品返还信息后，安排上门回收。拆解中心拆解后，将可再制造零部件信息和可再循环材料信息分别传送给零部件供应商和原材料供应商。

4. 服务方面

通过第 1 章中关于顾客再制造产品购买行为的分析可知，对于不愿意购买再制造产品的顾客来说，多数顾客认为"对再制造产品不了解，担心质量不可靠"，少数顾客认为"新产品质量有保证，价格高点无所谓"。因此，在 R&B – dominated 供应链中，确保再制造产品的质量、平衡新产品和再制造产品的差价非常重要。

2.5　本章小结

本章主要得出以下研究结果。

（1）依据第 1 章分析的顾客主导行为，即定制产品定制行为、以旧换新/以旧换再行为、废旧产品返还行为以及再制造产品购买行为，引入了顾客行为主导的供应链，包括 C – dominated 供应链、T – dominated 供应链和 R&B – dominated 供应链。

（2）探讨了顾客定制产品定制行为主导的供应链（C – dominated 供应链）、以旧换新/以旧换再行为主导的供应链（T – dominated 供应链）和废旧产品返还行为与再制造产品购买行为主导的供应链（R&B – dominated 供应链）的结构，并从供应链成员、物流、信息流和服务四个方面分析了各供应链的特点。

第 3 章
C – dominated 供应链优化策略

基于前两章关于顾客定制行为及 C – dominated 供应链结构和特点的分析，本章将研究 C – dominated 供应链的优化问题，包括：MC 顾客满意度指数模型、MC/MP 供应链模型与特性、MC/MP 供应链配送优化模型、MC/MP 供应链多目标优化模型以及 MC/MP 模式下的 EPQ 模型。其中，MC（Mass Customization）表示大规模定制，MC/MP（Mass Customization/Mass Production）表示大规模定制和大规模生产的集成。

3.1 MC 顾客满意度指数模型

对于 21 世纪的主流生产模式——大规模定制来说，由于大规模定制中的定制是由顾客需求来驱动的，所以，顾客的满意程度影响着大规模定制的有效实施。而现有的国内外顾客满意度指数测评模型对大规模定制并不适用。本节将对大规模定制的顾客满意度进行研究，给出大规模定制的顾客满意度指数模型[32]。

3.1.1 顾客满意度指数与 MCCSI

大规模定制（Mass Customization，MC）是在高效率的大规模生产的基础上，通过产品结构和制造过程的重组，运用现代信息技术、新材料技术、柔性技术等一系列高新技术，以大规模生产的成本和速度，为单个顾客或小批量多品种市场定制任意数量的产品的一种生产模式。该模式以其独特的竞争优势，将成为21世纪的主流生产模式[33]。由于大规模定制中的定制是由顾客来驱动的，所以，对于大规模定制的有效实施，顾客起着主导的作用。因此，定制企业成功的关键不再是技术的优劣，而是服务能否让顾客感到满意。定制企业应充分认识到市场的重要性，只有培育与保持客户的忠诚，以个性化的客户为中心，创建满足目标市场需求的产品和服务，才能在激烈竞争的环境中取得成功。可以说，顾客的满意程度影响着大规模定制的顺利进行。

对于顾客满意度的高低，需要有专门的测评方法。对此，国内外普遍采用顾客满意度指数（Customer Satisfaction Index，CSI）进行测评。CSI是以市场上消费过和正在消费的商品与服务为对象，量化各种类型和各个层次的顾客的评价，从而获得的一种综合性经济指标[34]。

目前，国内外对于顾客满意度指数模型的研究已有很多成果[35-44]，这些模型已经成为相应国家进行全国性、行业性的企业顾客满意度测评的基础。但现有模型对于测评大规模定制的顾客满意度指数（Mass Customization Customer Satisfaction Index，MCCSI）并不适合，因此，本节分析MCCSI模型研究的重要性；对MCCSI模型中的核心概念、前置因素和后向结果进行研究，提出相关假设；在此基础上，给出MCCSI模型，并分析其特点。

3.1.2　MCCSI模型的重要性

1. 顾客在大规模定制中的角色的重要性

从大规模生产到大规模定制，顾客角色越来越举足轻重，其变化见表3-1。

（1）顾客从被动选择产品到主动定制产品。在传统的大规模生产模式中，企业根据市场需求预测，编制生产计划并安排生产，属于先生产、后销售，因而大规模生产是一种生产推动型的生产模式。在该模式中，顾客只能从现有的多种产品中选择适合自己、满足自己的产品，顾客的选择是被动的；而在大规模定制模式中，企业以顾客提出的个性化需求为生产的起点，因而大规模定制是一种需求拉动型的生产模式。在该模式中，顾客主动定制产品，有积极的一面。

表 3 - 1　　　　　　　　　　　从大规模生产到大规模定制顾客角色变化

变化内容	大规模生产	大规模定制
顾客与产品	被动选择	主动定制
顾客与企业的关系	一对多	一对一
顾客享受的服务	即时服务	延时服务
顾客市场	统一市场	离散市场
顾客与企业的联系	交易结束，中断联系	交易结束，保持联系

（2）企业与顾客的关系从一对多到一对一。在传统大规模生产模式中，企业以不变应万变，企业与顾客是一对多的关系；而在大规模定制模式中，企业面临的是千变万化的需求，大规模定制企业必须快速满足不同顾客的不同需求，企业与顾客是一对一的关系。

（3）顾客受到的服务从即时服务到延时服务。在传统大规模生产模式中，产品的生产先于需求，顾客从已有的众多产品中，选择适合自己的产品，可享受到即时服务；而在大规模定制模式中，定制是在顾客提出需求之后才开始进行的，存在交货提前期的问题，顾客享受的服务是延时服务。

（4）顾客市场从统一市场到离散市场。在大规模生产模式中，企业致力于面向统一的市场，生产标准化的产品；而在大规模定制模式中，企业将每一个顾客或一部分顾客当作一个细分市场，充分了解每一个目标顾客的特殊要求，千方百计加以满足，以需定产。正是由于需求的分化，统一的市场变成了离散市场。

（5）顾客与企业的联系从"交易结束，中断联系"到"交易结束，保持联系"。在大规模生产模式中，每个企业都以同样的方式同时与一大批顾客交易，交易过程一旦结束，两者之间的关系也随之结束，因此，企业通常是通过市场调查来了解和预测市场需求的，由于市场中存在种种变化的因素，致使预测的数据极不准确，经常出现大量产品库存积压和缺货并存的现象，导致资源的大量浪费；而在大规模定制模式中，由于顾客在定制产品时需要递交一定的顾客信息，所以，交易结束后，企业仍然保留着顾客的相关信息，并可以随时联系，了解顾客的满意程度和要求，获取更明确、更直接的需求信息，以便合理配置和有效利用各种资源。

2. 顾客的满意度决定大规模定制的有效实施

顾客满意度的高低直接影响定制需求市场的扩大与缩小；定制需求市场的扩大与缩小影响定制需求的增加和减少；定制需求的增加和减少决定了定制量的大小；定制量的大小决定了大规模定制的有效实施与否。如图 3 - 1 所示。

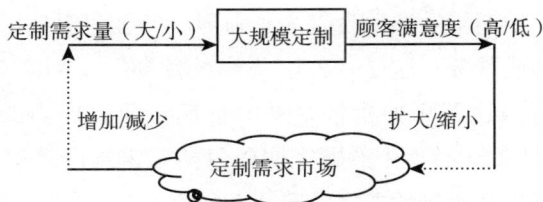

定制需求量（大/小）　　大规模定制　　顾客满意度（高/低）

增加/减少　　　　　　　　　　　　　　扩大/缩小

定制需求市场

图 3 - 1　大规模定制中的大规模生产和定制生产

对于定制企业来说，高的顾客满意度指数往往能够带来持续健康的发展，而顾客满意度指数低的企业却通常面临市场份额萎缩的危险。因此，建立大规模定制的顾客满意度指数模型，对其顾客满意度指数进行测评，提高顾客满意度，是企业成功实施大规模定制的强有力的保障。

3.1.3　MCCSI 模型描述及相关假设

1. MCCSI 模型中顾客满意的内涵

MCCSI 模型中的核心概念是顾客满意。依据现有模型中关于顾客满意的界定，将 MCCSI 中的顾客满意定义为：顾客对所定制的产品、实施定制服务的企业迄今为止全部消费经历的整体评价，是一种累积的顾客满意，是定制实施前、定制实施中和定制实施后的总的顾客满意。

2. MCCSI 模型中顾客满意的前置因素

在大规模定制中，顾客是主动定制产品而不是被动选择产品。实施定制前，顾客需要针对所需产品，搜索对该产品实施定制的所有企业。然后，对每个企业的产品定制信息及其他相关信息进行筛选，确定定制企业。顾客选择某一定制企业的行为取决于该企业在他们心目中的形象，即企业形象。企业形象是一种有别于实体商品但又与其紧密相连的商品特征[35]。影响定制企业形象的因素很多，例如，可定制产品的信息宣传普及程度、企业标识、口碑、商誉、价格水平、广告的层次和质量，以及物流网络等。企业形象越好，它在顾客心目中的效价就越高，顾客就越满意。据此，给出以下的假设。

假设 1：企业形象对顾客满意具有直接正向影响。

在大规模定制中，产品定制需要一定的等待周期，顾客享受的不再是即时服务，而是延时服务。顾客从开始定制，就对其定制的产品充满了期望。而在等待的过程中，这种期望的感觉会越来越强烈。顾客期望是指顾客预期将会得到哪种质量的产品或服务，这是一种"将会的预期"（Will Expectation）而不是该产品或服务应该达到哪种质量水平的预期，即"应当的预期"（Should Expectation）[36]。MCCSI 模型中的顾客期望包括对定制产品质量的期望和对服务质量的期望。对产品质量的期望继承 ACSI 中的顾客期望，有三个标识变量：关于定制化效果的期望、关于可靠性的期望以及产品质量的总体期望；对服务质量的期望，也包括三个标识变量：关于定制的方便性的期望、关于等待周期的期望以及服务质量的总体期望。顾客期望的高低决定着顾客的满意程度。据此，给出以下假设。

假设 2：顾客期望对顾客满意具有直接正向影响。

顾客在进行产品定制前，根据企业形象选择定制企业。对不同的定制企业，顾客期望会不同。因为，期望产生于市场交流、企业形象、口头传播和顾客需要的相互作用[37]。据此，给出以下假设。

假设 3：企业形象对顾客期望具有直接正向影响。

顾客定制产品的目的，是为了从中获取更高的价值，这种价值是一种主观感受，叫做感知价值。在现有的国内外 CSI 模型中，感知价值（在 SCSB 中称之为感知绩效）指商品或服务的质量与其价格相比在顾客心目中的感知定位。在 MCCSI 模型中，感知价值是指顾客通过定制产品所获得的感知利润与其感知成本相比在顾客心目中的感知定位。其中，感知利润是指顾客感觉到的对于定制产品品种、价格、质量、服务、速度等要素收益的总和；感知成本是顾客感觉到的支出总和，它并不只是顾客支付的定制产品的价格，而是由顾客在定制产品整个过程中涉及的时间、金钱、心理等成本的总和。感知价值越高，顾客满意度也越高。据此，给出以下假设。

假设 4：感知价值对顾客满意具有直接正向影响。

假设 5：感知利润对感知价值具有直接正向影响。

对于感知成本与感知价值来说：顾客对于定制产品及服务的感知成本越有

利，其感知价值就越大[4]。据此，给出以下假设。

假设6：感知成本对感知价值具有直接正向影响。

显然，顾客对于定制产品和服务的期望会影响到他的感知价值。一般来说，顾客具备一种学习的能力，他们会通过以前的消费经历、广告、周围人群的口头传播等渠道获得信息，对自身的期望值进行理性的调整[38]。经过反复调整之后的期望值能够比较准确地反映目前感知的利润与成本，从而影响感知价值。据此，给出以下假设。

假设7：顾客期望对感知价值具有直接正向影响。

顾客从定制产品开始，到与企业的交易结束，始终保持联系，而这种顾客关系的管理不仅影响顾客满意，而且还将影响顾客感知服务质量和顾客忠诚。顾客关系管理（Customer Relationship Management，CRM）是企业的全局策略，通过顾客细分，满足顾客需求来获取最大化利润，提升顾客满意度，帮助企业更好地吸引和留住顾客。每个顾客对企业的价值是不同的，通过满足每个顾客的特殊需求，特别是满足重要顾客的特殊需求，企业可与每个顾客建立起长期稳定的顾客关系，顾客同企业之间的每一次交易都使得这种关系更加稳固，从而使企业在同顾客的长期交往中获得更多的利润。挪威顾客满意度指数模型（Norvegian Customer Satisfaction Barometer，NCSB）中，就增加了顾客关系隐变量，该隐变量包括更加感情化的情感分量和更加理性的经济分量（例如转换成本）。但该模型将顾客关系作为满意度对忠诚度影响的中间变量。实际上，对于大规模定制来说，顾客关系不仅影响顾客忠诚，而且直接影响顾客满意和感知质量。因此，顾客关系作为顾客满意的前置因素更为合理。据此，给出以下假设。

假设8：顾客关系对感知价值具有直接正向影响。

假设9：顾客关系对顾客满意具有直接正向影响。

即顾客满意的影响因素包括企业形象、顾客期望、感知价值和顾客关系，而感知价值有两个前置变量，即感知利润和感知成本。

3. MCCSI 模型中顾客满意的后向结果

在大规模定制模式中，如果顾客对所定制的产品满意，而且这种满意度达到了某一程度，他就有可能重复定制、向亲朋好友推荐自己定制的产品，这样自然就会增加顾客定制的需求量，顾客也成为定制企业的"忠诚"顾客，即由顾客满意转化成顾客忠诚。Newman 等通过对日用品的研究得出，满意的顾客更容易产生忠诚感[39]。Anderson 等发现顾客满意正向影响重复购买意图，而且当顾客满意度提高时顾客更容易维持[40]。Fornell 认为，提高顾客满意水平有助于企业保持顾客的忠诚度，并降低竞争对手对顾客的吸引力[41]。顾客满意对顾客忠诚被认为存在着强烈的正向影响[42]。据此，给出以下假设。

假设 10：顾客满意对顾客忠诚具有直接正向影响。

顾客满意度到达一定的程度时，顾客满意转化成顾客忠诚。而这一满意程度的到达需要有催化因素。在 MCCSI 模型中，企业形象和顾客关系就是这样的催化因素。企业形象影响顾客忠诚主要通过以下途径：通过顾客满意影响顾客忠诚；直接作用于顾客忠诚[43]。因此，给出以下假设。

假设 11：企业形象对顾客忠诚具有直接正向影响。

假设 12：顾客关系对顾客忠诚具有直接正向影响。

即顾客满意的后向结果：顾客忠诚。

顾客忠诚作为 MCCSI 模型中唯一的后向结果，也说明该模型的现实意义：顾客忠诚是企业追求的目标。科特勒在营销学中，将顾客忠诚描述为顾客消费行为的连续性，即顾客的保持率[44]。Frederick 等人的调查显示，如果顾客保持率提高 5%，则每个顾客的平均价值会增长 25% ~ 100%，即顾客保持率出现小幅度上升，将会在很大程度上改善企业的现金流入。因此，提高顾客保持率，让顾客保持忠诚成为顾客满意管理的目标。

3.1.4　MCCSI 模型及其特点

1. MCCSI 模型

依据 3.1.3 节对 MCCSI 模型的描述及得出的假设，给出以下 MCCSI 模型，如图 3-2 所示。其中，顾客满意的影响因素包括：企业形象、顾客期望、感知价值、顾客关系，而感知价值有两个前置变量：感知利润和感知成本。顾客满意产生的结果：顾客忠诚。模型中的结构变量之间的连线表明它们之间存在着因果关系。

2. MCCSI 模型特点

MCCSI 模型继承了 SCSB 模型、ACSI 模型的一些核心概念和架构，如顾客期望、感知价值（在 SCSB 中称之为感知绩效）、顾客满意、顾客忠诚，除此之外，该模型还具有以下特点。

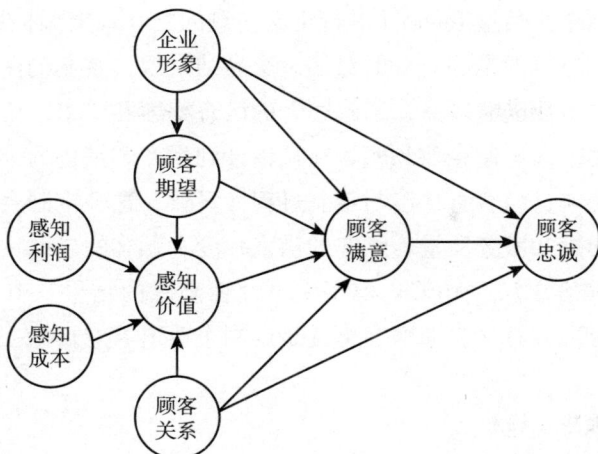

图 3 – 2　MCCSI 模型

（1）关于感知价值。MCCSI 模型中也有感知价值（即感知绩效），但这里的感知价值的内涵发生了变化。这里的感知价值不再是商品或服务的质量与其价格相比在顾客心目中的感知定位，而是指顾客通过定制产品所获得的感知利润与其感知成本相比在顾客心目中的感知定位。其中，感知利润是指顾客感觉到的对于定制产品品种、价格、质量、服务、速度等要素收益的总和；感知成本是顾客感觉到的支出总和，它并不只是顾客支付的定制产品的价格，而是由顾客在定制产品整个过程中涉及的时间、金钱、心理等成本的总和。感知价值有两个前置变量：感知利润和感知成本，这样更能体现价值的感知定位。

（2）关于顾客抱怨。MCCSI 模型在 SCSB 模型、ACSI 模型的基础上去掉了顾客抱怨。在大规模定制中，定制企业采取多种方式让顾客参与产品设计，使产品更加符合顾客的个性化需求；由于产品完全按顾客的意图设计和生产，因而避免了顾客对产品的抱怨。

（3）关于企业形象。吸收了 ECSI 模型的一些创新之处，加入了企业形象这个结构变量。在大规模定制模式中，顾客是主动定制产品而不是被动选择产品。实施定制前，顾客需要针对所需产品，搜索对该产品实施定制的所有企业。然后，对每个企业的产品定制信息及其他相关信息进行筛选，确定定制企业。顾客选择某一定制企业的行为取决于该企业在他们心目中的形象，即企业形象。

（4）关于顾客关系。MCCSI 模型中增加了一个国内外现有模型中所没有的结构变量——顾客关系。这是由大规模定制的特点决定的。在大规模定制中，顾客与定制企业通过 Internet 进行定制信息的交互式交流，瞬间形成订单，定制企业与顾客进行的是一对一的对话。交易结束后，企业仍保持着顾客的各种相关信息，并可以随时联系，了解顾客的满意程度和要求，获取更明确、更直接的需求信息。即定制企业和顾客在从设计到生产到销售的全过程中都进行着密切的信息交流，顾客直接参与定制过程。显然，这种定制企业与顾客的关系决定着顾客的感知服务质量、顾客的满意程度和顾客的忠诚。

（5）关于顾客忠诚。MCCSI 模型中，顾客满意的结果只有顾客忠诚，这表明该模型具有现实意义，即顾客忠诚是定制企业追求的目标。

3.1.5　本节小结

由于大规模定制中的定制是由顾客来驱动的，所以，顾客的满意程度影响着大规模定制的有效实施。而已有顾客满意度指数模型中的结构变量并未涉及大规模定制的特定元素。对于大规模定制来说，由于顾客的角色发生了变化，顾客满意形成的原因、各结构变量因果关系有其独到之处。例如：顾客享受的是延时服务，存在等待周期，而等待周期的长短将影响顾客满意度；顾客从定制产品开始，到与企业的交易结束，始终保持联系，而这种顾客关系的管理不仅影响顾客满意，还将影响顾客感知服务质量、顾客忠诚等。所以，各国现有的顾客满意度指数模型对测评大规模定制产品的顾客满意度指数并不适合。

本节在分析了 MCCSI 模型研究意义的基础上，对 MCCSI 模型中的核心概念顾客满意、顾客满意的前置因素和顾客满意的后向结果进行了研究，提出了12 条相关假设，给出了 MCCSI 模型并分析其特点。对于该模型及其假设的实证分析，将在未来的研究中给出。

3.2　MC/MP 供应链模型与特性

MC/MP 供应链是指同时实施大规模定制（MC）与大规模标准生产（MP）两种生产模式的企业（MC/MP 企业）所特有的供应链系统。MC/MP 供应链是供应链发展过程中 MP 供应链与 MC 供应链中间不可忽视的阶段。基于 MC/MP 企业存在的现实，本节针对装配型企业，提出 MC/MP 供应链的概念，对

MC/MP 供应链的模型结构、分类及特性进行分析，在此基础上给出 MC/MP 供应链的管理措施[45]。

3.2.1 MC/MP 相关研究

MC/MP 供应链是指同时实施大规模定制（MC）和大规模标准生产（MP）两种生产模式的企业（简称 MC/MP 企业）所特有的供应链系统。

目前，不论学术界还是企业界，对 MP 相关理论的研究和应用日趋完善，对 MC 相关理论的研究和应用也已有很多成果[46-49]。然而，在企业界，由于大规模定制的实施有很多限制条件[50-52]，大多数企业并没有放弃原有 MP 生产模式进入到完全 MC 生产模式，而是两种生产模式并存。国外最典型的企业，如日本松下自行车工业公司（National Bicyde Industrial Company，NBIC）。尽管 NBIC 被认为是日本大规模定制的典范，但是实际上 NBIC 的 90% 以上的销售收入来自大规模生产。NBIC 具有两个工厂，一个进行大规模生产，另一个则针对一小部分细分市场采用差异化战略进行大规模定制。另外，日本的丰田可在接到订单后 5 天交付定制的汽车，但它也不是真正的大规模定制汽车。在国内，如汽车和家电行业，有很多企业注意到大规模定制的发展趋势，在原有大规模生产的基础上，开始涉足大规模定制。

在学术界，自 1995 年以来，有些专家提出了 MC、MP 两种生产模式并存的设想。Kotha 针对 Pine Ⅱ 提出的"大规模生产模式已经过时、新的生产模式是大规模定制"观点提出了反对意见，认为在快速变化的环境中，Pine Ⅱ 的观点虽然能够引起管理者的注意，将大规模定制作为一项重要的战略选择，但是其观点没有阐明许多重要的细节问题[53][54]。Raddar 和 Louw 认为大规模生产和大规模定制不应该被看作是两个互不相容的模式，在特定的条件下，每种模式都有可能比另一种模式更为合适，并提出大规模定制和大规模生产可以同时存在[55]。沈雁和姚冠新提出，由于目前定制市场还处在"初级阶段"，在定制化订单的来源没有保证的情况下，企业一开始应遵循大规模标准生产和大规模定制生产并存的原则，让两者充分互补，在为顾客定制产品的同时，保持自己的大规模生产优势，使成本平均化，资源共享化[56]。随着市场的逐步成熟，企业需不断提升自己的大规模定制能力，对企业进行重组和整合，从而逐步实现任意数量订单的接收和生产能力，全面提升企业竞争能力。最近，少数学者开始了对 MC、MP 两种生产模式并存的相关研究。Alptekinoglu 和 Corbett 应用博弈理论研究了当企业同时实施 MC 与 MP 两种生产模式，且 MC 与 MP 存在竞争时，企业如何对 MC、MP 产品进行定价的问题[57]。管毅平和杨冬梅运用微观经济理论，以模型比较分析了消费者、厂商和社会经济对大规模定制生产与大规模标准生产模式的选择条件[58]。

尽管企业界确实存在 MC/MP 企业，但学术界对于 MC、MP 两种生产模式并存的研究还相当匮乏。如果将供应链的发展阶段按层次划分：第一层次为 MP 供应链，第二层次则为 MC/MP 供应链，第三层次为 MC 供应链。很明显，对 MP 供应链的研究日趋成熟，对 MC 供应链的研究也已引起学术界的关注，但截至文献［45］发表之前还未见到对于 MC/MP 供应链的研究成果。本节将基于装配型企业，在 3.2.2 节对 MC/MP 供应链的结构、分类和特性进行研究，在 3.2.3 节基于前面的研究得出 MC/MP 供应链管理措施，在 3.2.4 节进行总结并指出今后的研究方向。

3.2.2　MC/MP 供应链模型的结构、分类和特性

1. MC/MP 供应链模型的结构

装配型企业 MC/MP 供应链组成结构如图 3-3 所示，其成员包括零件供应商、部件供应商、装配厂、批发商、零售商和消费者。其中，MP 供应链成员为：零件供应商、部件供应商、装配厂、批发商和零售商，是针对标准产品（其零件和部件都是标准的）的供销网络；MC 供应链成员为：零件供应商、部件供应商、装配厂和消费者，是针对定制产品（其零件、部件可以是标准的和定制的）的供销网络。显然，MC/MP 供应链成员零件供应商、部件供应商和装配厂是 MP 供应链和 MC 供应链中相应成员的整合，称为 CODP（Customer Order Decoupling Point，客户订单分离点）点之前的供应链成员。同样，将 MC/MP 供应链成员批发商、零售商和消费者称为 CODP 点之后的供应链成员。

在 MC/MP 供应链中，对于标准产品，各供应商依据预测进行推动式生产，维持一定的库存；对于定制产品，采用订单拉动式生产。

在 MC/MP 供应链组成结构中，MC/MP 企业信息处理中心不是供应链的组成成员，而是供应链各组成成员间的协调部门，是 MC/MP 供应链有效运转的枢纽。

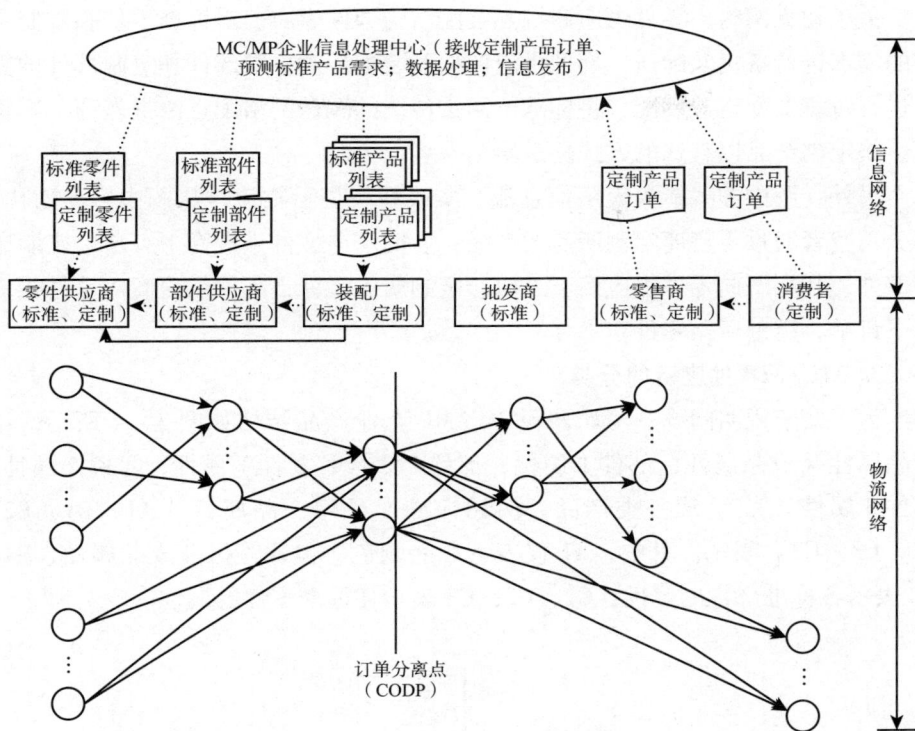

图 3-3　MC/MP 供应链模型结构

注：----▶ 表示信息流；——▶ 表示物流；○表示网络节点。

关于信息网络：①部分消费者直接通过 Internet 向信息处理中心传递定制产品订单，部分消费者（本身不具备自己传递定制订单的能力）可通过本地零售商传递定制产品订单给信息处理中心。零售商接受消费者定制信息，并将定制产品订单通过 Internet 传递给信息处理中心。标准产品是按预测来生产的，不需要订单。②信息处理中心需向消费者发布产品可定制属性信息；接收定制产品订单（来自零售商和消费者）、对标准产品的需求进行预测，对定制产品和标准产品相关数据进行统计和分类，将标准产品和定制产品的信息传递给装配厂，将所需要的标准部件和定制部件信息传递给部件供应商，将所需要的零件信息传递给相应的零件供应商。③标准部件、标准零件不需要下订单。定制部件和定制零件则需要订单。根据接收到的数据，装配厂向部件供应商就定制部件下订单，向零件供应商就定制零件下订单；部件供应商向零件供应商就定制零件下订单。

关于物流网络：零件供应商按照装配厂与部件供应商对标准零件和定制零件的需求进行备货及配送，部件供应商按照装配厂对标准部件和定制部件的需求进行备货及配送。装配厂将标准产品按传统的配送网络配送给批发商、零售商，将定制产品以直达的方式配送给消费者。

另外，图中虚线箭头表示信息流，实线箭头表示物流。从图中容易看出，部分消费者通过零售商定制所需的产品；装配厂向部件供应商下订单，定制所需部件；装配厂向零件供应商下订单，定制所需零件；部件供应商向零件供应商下订单，定制所需零件。

2. MC/MP 供应链的分类

为了便于说明问题，不妨假设 MC/MP 企业产品结构如图 3 - 4 所示，用产品属性（成品属性，部件 1 属性，部件 2 属性，零件 1 属性，零件 2 属性，零件 3 属性）表示某一类产品，例如标准产品用产品属性（A1，B1，B2，C1，C2，C3）表示。其中，A1 仅表示产品颜色、包装等标准成品属性，B1，B2 表示各标准部件的属性，C1，C2，C3 表示各标准零件的属性。

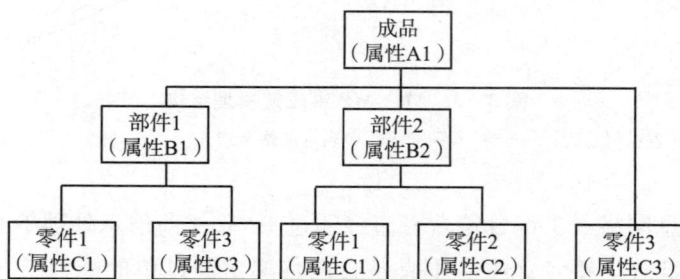

图 3 - 4　产品结构（属性为标准产品属性）

目前，对于产品可定制属性，该企业将其定制属性进行优选，得到以下的属性列表，见表 3 - 2 中"属性列表"列。A11，A12，A13 是标准成品属性 A1 的可定制属性，B11，B12，B13，B14 是标准部件属性 B1 的可定制属性，以此类推。

为了进一步发展的需要，对于大规模定制产品，该企业还计划允许消费者对某些属性不从属性列表中选择，而是按特殊需求定制，由于不同消费者的特殊需求是随机的，称该类定制属性为随机定制属性，见表 3 - 2 中的"随机定制属性"列。

表 3 - 2　　　　　　　　　　产品属性及供应链分类

属性及供应链		标准产品属性	属性列表	随机定制属性
属性	成品属性	A1	A11，A12，A13	a11，a12，……
	部件属性	B1	B11，B12，B13，B14	b11，b12，……
		B2	B21，B22，B23，B24，B25，B26	b21，b22，……
	零件属性	C1	C11，C12	c11，c12，……
		C2	C21，C22，C23	c21，c22，……
		C3	C31，C32	c31，c32，……
供应链	MP 供应链	产品属性来自标准产品属性	—	
	MC 供应链 α	产品属性来自标准产品属性或属性列表，至少有一个属性从属性列表中选择	—	
	β	产品属性来自标准产品属性、属性列表或随机定制属性，至少有一个属性是随机定制属性		

　　根据产品属性的不同，将供应链分为 MP 供应链、MC 供应链 α 和 MC 供应链 β。MP 供应链中的产品是标准产品，其零件、部件和成品属性都是标准的产品属性，是传统的大规模标准生产供应链。MC 供应链 α 中的产品是定制产品，其零件、部件和成品属性可以在标准产品属性和属性列表中选择，但保证至少有一个属性来自属性列表。MC 供应链 β 中的产品也是定制产品，其零件、部件和成品属性可以在标准产品属性、属性列表或随机定制属性中选择，但保证至少有一个属性是随机定制属性。

　　定义 3.1　由 MP 供应链和 MC 供应链 α 结合而成的供应链称为 MC/MP 供应链Ⅰ；由 MP 供应链和 MC 供应链 α 与 β 结合而成的供应链称为 MC/MP 供应链Ⅱ。

　　其实，只要供应链中产品的产品属性有一个不是标准产品属性，则该供应链就是 MC 供应链，之所以把 MC/MP 供应链细分为 MC/MP 供应链 Ⅰ 和 Ⅱ，是考虑到部分 MC/MP 企业只允许消费者从标准属性或属性列表中选择，不接受随机定制属性，该类企业的供应链为 MC/MP 供应链 Ⅰ。而部分 MC/MP 企业接受消费者随机定制，该类企业的供应链为 MC/MP 供应链 Ⅱ。两类供应链有不同的特性，下面将详细分析。

　　3. MC/MP 供应链的特性

　　（1）MC/MP 供应链 Ⅰ 的特性。MC/MP 供应链 Ⅰ 的组成及特性见表 3 - 3 和表 3 - 4。其中，标准产品属性为（A1，B1，B2，C1，C2，C3），定制产品

表 3-3　　MC/MP 供应链 I 的组成及特性（标准产品）

标准产品属性	CODP 点之前供应链的成员 零件供应商	部件供应商	装配厂	时刻	| 1 |	| 2 |	| 3 |	| 4 |	| 5 |	| 6 |	| 7 |	| 8 |	提前期	CODP 点之后的配送 方式	交货期
成品			A1	需求时刻						QA1			1 天		
				订货备货时刻					QA1						
部件		B1		需求时刻					QB1				2 天		
				订货备货时刻			QB1								
		B2		需求时刻					QB2				2 天		
				订货备货时刻			QB2							传统配送网络	无（对批发商和零售商的承诺）
零件	C1			需求时刻			QC1						2 天		
				订货备货时刻	QC1										
	C2			需求时刻			QC2						1 天		
				订货备货时刻		QC2									
	C3			需求时刻				QC3	QC3				1 天		
				订货备货时刻		Q1C3	Q1C3								

CODP 点之前供应链的反应时间/天（数量/件）

表3-4　MC/MP 供应链 I 的组成及特性（定制产品）

定制产品		CODP 点之前供应链的成员					CODP 点之前供应链的反应时间/天（数量/件）								提前期	CODP 点之后的配送	
定制产品属性		零件供应商	部件供应商	装配厂		时刻	1	2	3	4	5	6	7	8		方式	交货期
成品				A12		需求时刻							Q_{A12}		1 天		
						订货备货时刻						Q_{A12}					
部件			B1			需求时刻						Q_{B1}			2 天		
						订货备货时刻				Q_{B1}							
			B23			需求时刻						Q_{B23}			3 天	直达方式	7 天 + 配送时间（对消费者承诺）
						订货备货时刻			Q_{B23}								
零件		C1				需求时刻			Q^1_{C1}	Q_{C1}					2 天		
						订货备货时刻	Q^1_{C1}	Q_{C1}									
		C22				需求时刻			Q_{C22}						2 天		
						订货备货时刻	Q_{C22}										
		C3				需求时刻				Q^1_{C3}		Q_{C3}			1 天		
						订货备货时刻			Q^1_{C3}		Q_{C3}						

有很多种类，表中仅以属性为（A12，B1，B23，C1，C22，C3）的定制产品为例。

对于表3-3中属性为（A1，B1，B2，C1，C2，C3）的标准产品，根据销售预测：装配厂需在第6天完成QA1件产品，成品属性为A1的产品订货备货提前期为1天，则需要装配厂在第5天备货。生产QA1件标准产品：需要部件B1和B2各QB1和QB2件，且其提前期均为2天，则装配厂需要在第3天向部件供应商订货、部件供应商接到订单后开始备货；需要QC3件C3零件，其提前期为1天，则装配厂需要在第4天向零件供应商订货、零件供应商接到订单后开始备货。以此类推。

对于表3-4中属性为（A12，B1，B23，C1，C22，C3）的定制产品，由于部件2属性选择了属性列表中的B23，其提前期增加一天，零件2选择了属性列表中的C22，其提前期增加一天，因此，该定制产品最快能在第7天完成。这样，对消费者承诺的交货期为：7+配送时间。

从表3-3和表3-4中容易得出，MC/MP供应链I具有以下特性。

①动态性：在表3-3和表3-4中，将所有可能种类的定制产品的情况叠加在一起，一张一张地叠加，可以想象，此时关于定制产品的产品属性、供应链反应时间、提前期以及对消费者承诺的交货期都在动态地变化。

②复杂性：不论是零件供应商、部件供应商，还是装配厂，为了使MC/MP供应链有效实施，必须合理制订其生产计划。由于供应链的动态性，使得数据的处理、生产计划的制订非常复杂。

③多目标性：MC供应链追求的目标在于快速而又低成本地向客户提供定制化的产品；MP供应链追求的目标在于如何提高供应链的效率和降低供应链的成本。MC/MP供应链追求的目标是快速、高效和低成本。

④能力约束性：在MC、MP并存模式下，由于大规模定制的介入，原本平稳的大规模生产产生了波动，CODP点之前的供应链各成员的生产能力、定制能力遭遇挑战。是在原有MP生产线的基础上增加生产线，还是建立独立的MC生产车间，或是考虑将定制的部分外包，是各供应商和装配厂应该考虑的问题。

⑤配送线路的多变性：在CODP点之后的配送，对于标准产品采用传统的配送网络，对于定制产品则采用直达的方式。由于定制产品的消费者所在地域不同，造成配送线路的多变性。

（2）MC/MP 供应链Ⅱ的特性。MC/MP 供应链Ⅱ的组成及特性见表 3 - 5 和表 3 - 6。其中，标准产品属性为（A1，B1，B2，C1，C2，C3），定制产品以属性为（A12，B1，B23，C1，c21，C3）的产品为例，c21 为随机定制属性。

与表 3 - 3 和表 3 - 4 对照，对于标准产品，与 MC/MP 供应链Ⅰ相同。对于定制产品，由于零件 2 属性是随机定制属性 c21，其提前期为多少天要看该属性实现的难易程度。这样，该产品在第几天完成、零件 2 在第几天订货、对消费者承诺的交货期是几天，都要根据零件 2 的提前期来确定。

从表 3 - 5 和表 3 - 6 中容易得出，MC/MP 供应链Ⅱ除了具备 MC/MP 供应链Ⅰ的特性外，还具有以下特性。

①随机性：在表 3 - 5 和表 3 - 6 中，将所有可能种类的定制产品的情况叠加在一起，一张一张地叠加，此时关于定制产品的产品属性、供应链反应时间、提前期以及对消费者承诺的交货期都在随机地变化。

②产品的种类具有不确定性：与 MC/MP 供应链Ⅰ比较，MC/MP 供应链Ⅱ中产品的种类具有不确定性，这是由于随机定制属性的种类不确定引起的。而 MC/MP 供应链Ⅰ中产品的数量是确定的，因为产品的属性是可列的。

3.2.3　MC/MP 供应链管理措施

通过对 MC/MP 供应链结构、分类和特性的研究，得到以下 MC/MP 供应链管理上的启示。

1. 用集成的思想和理论管理 MC/MP 供应链

MC/MP 供应链是 MC 供应链与 MP 供应链的有机集成。MC 供应链追求的目标在于快速而又低成本地向客户提供定制化的产品；MP 供应链追求的目标在于如何提高供应链的效率和降低供应链的成本。MC 供应链的前阶段是生产推动型供应链、后阶段是市场需求拉动型供应链；MP 供应链则完全是生产推动型供应链。由于 MC 供应链与 MP 供应链在追求的目标、类型上存在差异，使得 MC/MP 企业对 MC/MP 供应链的管理必须面对许多新的挑战。MC/MP 企业应该用集成的思想和理论管理 MC/MP 供应链。

表 3-5 MC/MP 供应链 II 的组成及特性（标准产品）

标准产品		CODP 点之前供应链的成员				CODP 点之前供应链的反应时间/天（数量/件）								CODP 点之后的配送		
标准产品		零件供应商	部件供应商	装配厂		1	2	3	4	5	6	7?	8?	提前期	方式	交货期
成品				A1	需求时刻						QA1					
					订货备货时刻					QA1				1 天		
部件			B1		需求时刻					QB1						
					订货备货时刻			QB1						2 天		
			B2		需求时刻					QB2						
					订货备货时刻			QB2						2 天		
零件		C1			需求时刻			QC1								
					订货备货时刻	QC1								2 天	传统配送网络	无（对批发商和零售商的承诺）
		C2			需求时刻			QC2								
					订货备货时刻		QC2							1 天		
		C3			需求时刻				QC3	QC3						
					订货备货时刻		Q1C3	Q1C3						1 天		
标准产品属性																

表3-6　MC/MP供应链Ⅱ的组成及特性（定制产品）

定制产品	CODP点之前供应链的成员	成员	定制产品属性	CODP点之前供应链的反应时间/天（数量/件）								提前期	CODP点之后的配送	
				1	2	3	4	5	6	7	8		方式	交货期
成品	装配厂	A12	需求时刻							QA12		1天		
			订货备货时刻						QA12					
部件	部件供应商	B1	需求时刻						QB1			2天		
			订货备货时刻				QB1							
		B23	需求时刻						QB23			3天	直送方式	？天+配送时间（对消费者承诺）
			订货备货时刻			QB23								
零件	零件供应商	C1	需求时刻	Q1C1	QC1							2天		
			订货备货时刻			Q1C1	QC1							
		C21	需求时刻	？	？							？天		
			订货备货时刻			Qc21								
		C3	需求时刻					QC3	QC3			1天		
			订货备货时刻			Q1C3	Q1C3							

2. 采取不同的实施方式

对于 MC/MP 企业来说，实施 MC 与 MP 有不同的方式：在同一加工厂完成，MC 与 MP 可能共用一条生产线，也可能使用独立的生产线；MC 与 MP 在不同的专用工厂完成。由于实施方式的不同，MC/MP 供应链的结构也会有所差异。采用合理的实施方式，优化 MC/MP 供应链的结构，可以使 MC/MP 企业有效管理 MC/MP 供应链。

3. 对 MC/MP 供应链生产计划（采购计划）进行优化

MC/MP 供应链生产计划（采购计划）及优化过程是典型的随机、动态、多目标优化过程。在生产计划（采购计划）的制订过程中，应综合考虑标准产品和定制产品，根据产品的属性和特征，从生产（采购）角度，将其产品及各级部件、零件分为按库存生产（采购）和按订单生产（采购）两种。按库存生产（采购）是指长期生产的产品与定制订单无关，企业的生产计划及采购计划是将标准产品需求、各定制产品订单中对标准零部件的需求合并后考虑库存及生产批量制定的；按订单生产（采购）是指产品的生产过程依赖具体的定制产品订单，按订单组织生产及管理的过程，不考虑库存及批量。

3.2.4　本节小结

本节针对现实中存在的 MC/MP 企业提出 MC/MP 供应链的概念，从系统集成的角度，将两类追求目标、类型都有差异的供应链集成在一起，对 MC/MP 供应链结构、分类及特性进行了研究，得出三条供应链管理上的启示，为 MC/MP 企业成功管理 MC/MP 供应链提供理论支持。对 MC/MP 供应链生产计划的优化、配送网络的优化等都是非常值得研究的问题。

3.3　MC/MP 供应链配送优化模型

在混流装配模式下，MC/MP 供应链的配送变得复杂。MC/MP 供应链是指企业同时实施大规模定制（MC）和大规模生产（MP）两种生产模式时的供应链系统。本节基于混流装配模式，分析了 MC/MP 供应链的结构，给出了 MC/MP 供应链的优化模型。研究结果针对单位周期内定制产品、标准产品的需求以及定制产品对标准产品需求量的影响，优化了各种产品的装配计划和配送计划。通过算例验证了该模型的合理性和有效性[59]。

3.3.1　混流装配模式下的 MC/MP 供应链

大规模定制因其独特的竞争优势早已成为理论界研究和企业界追逐的热点。从理论界来看，现有文献的研究内容主要包括：对大规模定制概念的界定[60-63]；对大规模定制实现思路、方法、模式与策略的研究[64-67]；对企业实施大规模定制的关键技术、影响大规模定制实施因素的分析[68-70]；大规模定制的供应链管理[71-72]等。这些研究均建立在企业仅实施大规模定制一种生产模式的基础上。从企业界来考虑，除了个别领先企业已经完全实施大规模定制生产模式以外，更多的企业尚处于开始准备或正在涉足大规模定制阶段。这个阶段的企业，其生产模式是一种大规模定制和大规模生产并存的模式，企业多采用混流装配模式同时装配定制产品和标准产品。

所谓混流装配模式是指在一定时间内，在一条装配线上装配多种不同型号和系列的产品的生产模式[73-74]。在大规模定制与大规模生产并存模式下，企业采用混流装配模式后，由于大规模定制的介入，原本平稳的大规模生产产生了波动，企业的生产计划、物流分配都随之发生了变化，供应链的管理变得相对复杂。

针对这一现实，本节将对基于混流装配模式的 MC 与 MP 并存模式下的 MC/MP 供应链优化模型进行研究，研究结果将针对单位周期内定制产品、标准产品的需求以及定制产品对标准产品需求的影响，优化各种产品的装配计划和配送计划，并给出一个算例进行说明。

3.3.2　问题描述与模型假设

考虑由模块供应商、产品装配厂、批发商、零售商构成的典型的供应链系统。MC/MP 供应链包括两条：大规模定制供应链和大规模生产供应链，两条供应链中从供应商到装配厂是可以合并的部分。大规模定制模式下的供应链为：供应商为装配厂供应定制模块或标准模块；装配厂装配定制产品；从装配厂直接将定制产品运送到顾客所在的消费区域，送达给顾客（送达给顾客的运输费用不计）。大规模生产模式下的供应链为：供应商为装配厂供应标准模块；装配厂装配标准产品；从装配厂将标准产品运送到批发商，再由批发商将标准产品运送到相应的零售商，由零售商将标准产品销售给顾客。

在混流装配模式下，同一供应商既供应标准模块又供应定制模块，同一装配厂既装配标准产品又装配定制产品。由于单位生产周期内供应商的供应能力、装配厂的装配能力都有一定的限制，而定制产品需求必须满足，所以，如何制订装配计划、如何进行物流分配是每个生产周期需要解决的问题。

在模型中做以下假设。

（1）装配厂（装配标准产品和定制产品）的数目、位置和装配能力已知，用 I 表示装配厂的集合，每个装配厂有一条混装线。

（2）负责存储批发的批发商的数目、服务范围和服务能力已知，每个批发商可从多个或所有装配厂进货，用 J 表示批发商的集合。

（3）零售商（或消费区域）的数目、服务范围（一个零售商为一个消费区域提供服务）已知，用 K 表示零售商（或消费区域）的集合。

（4）模块供应商的数目、供应能力已知，用 S 表示供应商的集合，用 S' 表示既供应定制模块又供应标准模块的供应商的集合，S'' 表示只供应标准模块的供应商的集合，则 $S = S' \cup S''$，$S'' = \varnothing$ 表示可以对所有模块进行定制。每个供应商仅供应一种标准模块，部分或全部供应商可以供应与其标准模块同种类的定制模块，称为模块族，用 U_s 表示。

（5）标准产品和定制产品产品结构相同，区别在于：定制模块的形状、大小和颜色等属性与标准模块不同，所以成本稍有不同；定制产品和标准产品的装配费用（包括最终处理费用，如颜色、包装等）不同。

（6）由装配厂给出可定制产品的定制菜单，可定制产品的种类集合记为 V。

3.3.3 模型

根据 3.3.2 节的问题描述及模型假设，得到以下基于混流装配模式的 MC/MP 供应链的优化模型，其决策变量是每个装配厂的装配计划以及整个供应链的配送计划。

$$\max \Big[\sum_{s' \in S'} \sum_{i \in I} (R_{s'i}^{\mathrm{mp}} - C_{s'i}^{\mathrm{mp}}) \times X_{s'i}^{\mathrm{mp}} + \sum_{s'' \in S''} \sum_{i \in I} (R_{s''i}^{\mathrm{mp}} - C_{s''i}^{\mathrm{mp}}) \times X_{s''i}^{\mathrm{mp}} +$$

$$\sum_{i \in I} \sum_{j \in J} (R_{ij}^{\mathrm{mp}} - C_{ij}^{\mathrm{mp}}) \times X_{ij}^{\mathrm{mp}} + \sum_{j \in J} \sum_{k \in K} (R_{jk}^{\mathrm{mp}} - C_{jk}^{\mathrm{mp}}) \times X_{jk}^{\mathrm{mp}} - \sum_{i \in I} C_{i}^{\mathrm{mp}} \times X_{i}^{\mathrm{mp}} \Big] +$$

$$\Big[\sum_{s' \in S'} \sum_{u_{s'} \in U_{s'}} \sum_{i \in I} (R_{s'u_{s'}i}^{\mathrm{mc}} - C_{s'u_{s'}i}^{\mathrm{mc}}) \times X_{s'u_{s'}i}^{\mathrm{mc}} + \sum_{s' \in S'} \sum_{i \in I} (R_{s'i}^{\mathrm{mc}} - C_{s'i}^{\mathrm{mc}}) \times X_{s'i}^{\mathrm{mc}} +$$

$$\sum_{s'' \in S''} \sum_{i \in I} (R_{s''i}^{\mathrm{mc}} - C_{s''i}^{\mathrm{mc}}) \times X_{s''i}^{\mathrm{mc}} + \sum_{v \in V} \sum_{i \in I} \sum_{k \in K} (R_{ivk}^{\mathrm{mc}} - C_{ivk}^{\mathrm{mc}}) \times X_{ivk}^{\mathrm{mc}} - \sum_{v \in V} \sum_{i \in I} C_{iv}^{\mathrm{mc}} \times X_{iv}^{\mathrm{mc}} \Big]$$

$$(3-1)$$

s. t.

$$\sum_{i \in I} X_{i}^{\mathrm{mp}} = \sum_{k \in K} \bar{D}_{k}^{\mathrm{mp}} \qquad (3-2)$$

$$\sum_{i \in I} X_{iv}^{\mathrm{mc}} = \sum_{k \in K} D_{kv}^{\mathrm{mc}} \qquad \forall v \qquad (3-3)$$

$$X_{s'i}^{\mathrm{mp}} = \alpha_{s'}^{\mathrm{mp}} X_{i}^{\mathrm{mp}} \qquad \forall s', \ i \qquad (3-4)$$

$$X_{s''i}^{\mathrm{mp}} = \alpha_{s''}^{\mathrm{mp}} X_{i}^{\mathrm{mp}} \qquad \forall s'', \ i \qquad (3-5)$$

$$X_{s'u_{s'}i}^{\mathrm{mc}} = \sum_{v \in V} X_{s'u_{s'}iv}^{\mathrm{mc}} \qquad \forall s', \ i, \ u_{s'} \qquad (3-6)$$

$$X_{s'i}^{\mathrm{mc}} = \sum_{v \in V} X_{s'iv}^{\mathrm{mc}} \qquad \forall s', \ i \qquad (3-7)$$

$$X_{s''i}^{\mathrm{mc}} = \sum_{v \in V} X_{s''iv}^{\mathrm{mc}} \qquad \forall s'', \ i \qquad (3-8)$$

$$X_{s'u_{s'}iv}^{\mathrm{mc}} = \alpha_{s'u_{s'}}^{\mathrm{mc}} X_{iv}^{\mathrm{mc}} \qquad \forall s', \ i, \ v, \ u_{s'} \qquad (3-9)$$

$$X_{s'iv}^{\mathrm{mc}} = \alpha_{s'}^{\mathrm{mc}} X_{iv}^{\mathrm{mc}} \qquad \forall s', \ i, \ v \qquad (3-10)$$

$$X_{s''iv}^{\mathrm{mc}} = \alpha_{s''}^{\mathrm{mc}} X_{iv}^{\mathrm{mc}} \qquad \forall s'', \ i, \ v \qquad (3-11)$$

$$\sum_{j \in J} X_{ij}^{\mathrm{mp}} = X_{i}^{\mathrm{mp}} \qquad \forall i \qquad (3-12)$$

$$\sum_{k \in K} X_{ivk}^{\mathrm{mc}} = X_{iv}^{\mathrm{mc}} \qquad \forall i, \ v \qquad (3-13)$$

$$\sum_{j \in J} X_{jk}^{\mathrm{mp}} = \bar{D}_{k}^{\mathrm{mp}} \qquad \forall k \qquad (3-14)$$

$$\sum_{i \in I} X_{ivk}^{\mathrm{mc}} = D_{kv}^{\mathrm{mc}} \qquad \forall k, \ v \qquad (3-15)$$

$$\sum_{k \in K} X_{jk}^{\mathrm{mp}} = \sum_{i \in I} X_{ij}^{\mathrm{mp}} \qquad \forall j \qquad (3-16)$$

$$0 \leqslant \sum_{i \in I} X_{s'i}^{\mathrm{mp}} + \sum_{i \in I} \sum_{u_{s'} \in U_{s'}} X_{s'u_{s'}i}^{\mathrm{mc}} + \sum_{i \in I} X_{s'i}^{\mathrm{mc}} \leqslant e_{s'} \qquad \forall s', \ u_{s'} \qquad (3-17)$$

$$0 \leqslant \sum_{i \in I} (X_{s''i}^{\mathrm{mp}} + X_{s''i}^{\mathrm{mc}}) \leqslant e_{s''} \qquad \forall s'' \qquad (3-18)$$

$$0 \leqslant X_{i}^{\mathrm{mp}} + \sum_{v \in V} X_{iv}^{\mathrm{mc}} \leqslant e_{i} \qquad \forall i \qquad (3-19)$$

$$0 \leq \sum_{i \in I} X_{ij}^{\mathrm{mp}} \leq e_j \qquad \forall j \qquad (3-20)$$

其中，目标函数式（3-1）为最大化 MC/MP 供应链的总利润，包括两部分（共十项）：第一部分是标准产品相关利润（第一至五项），第二部分是定制产品相关利润（第六至十项）。在第一部分中，第一、二项为标准模块从供应商到装配厂的利润，第三、四项为标准产品从装配厂经批发商到零售商的利润，第五项为标准产品在装配厂的装配费用。在第二部分中，第六、七、八项为定制模块从供应商到装配厂的利润，第九项为定制产品从装配厂到消费区域的利润，第十项为定制产品在装配厂的装配费用。

关于约束条件：式（3-2）表示所有装配厂装配的标准产品应满足所有零售商获得的订货量的分配量；式（3-3）表示定制产品的需求必须满足；式（3-4）、式（3-5）表示标准产品对标准模块的需求必须满足；式（3-6）~（3-11）表示定制产品对定制模块、标准模块的需求必须满足；式（3-12）表示从装配厂 i 运送到所有批发商的标准产品量等于该厂装配的标准产品量；式（3-13）表示从装配厂 i 运送到所有消费区域的第 v 种定制产品量等于该厂装配的该种定制产品量；式（3-14）表示从所有批发商运送零售商 k 的标准产品量等于该零售商获得的订货量的分配量；式（3-15）表示从所有装配厂运送到消费区域 k 的第 v 种定制产品量等于相应区域的该定制产品需求量；式（3-16）表示从批发商 j 运送到所有零售商的标准产品量等于从所有装配厂运送到该批发商的标准产品量；式（3-17）、式（3-18）为供应商的供应能力约束；式（3-19）为装配厂的装配能力约束；式（3-20）为批发商的服务能力约束。

对模型中的决策变量和相关参数作以下说明。

（1）决策变量。

$X_{s'i}^{\mathrm{mp}}$：单位周期内，从供应商 s' 运送到装配厂 i 的标准模块的数量，用于 MP，$s' \in S'$，$i \in I$。

$X_{s''i}^{\mathrm{mp}}$：单位周期内，从供应商 s'' 运送到装配厂 i 的标准模块的数量，用于 MP，$s'' \in S''$，$i \in I$。

$X_{s'u_{s'}i}^{\mathrm{mc}}$：单位周期内，从供应商 s' 运送到装配厂 i 的定制模块 $u_{s'}$ 的数量，用于 MC，$s' \in S'$，$i \in I$，$u_{s'} \in U_{s'}$。

$X_{s'i}^{\mathrm{mc}}$：单位周期内，从供应商 s' 运送到装配厂 i 的标准模块的数量，用于 MC，$s' \in S'$，$i \in I$。

$X_{s''i}^{\mathrm{mc}}$：单位周期内，从供应商 s'' 运送到装配厂 i 的标准模块的数量，用于 MC，$s'' \in S''$，$i \in I$。

$X_{s'u_{s'}i,v}^{\mathrm{mc}}$：单位周期内，第 v 种定制产品所需要的、从供应商 s' 运送到装配厂 i 的定制模块 $u_{s'}$ 的数量，用于 MC，$s' \in S'$，$i \in I$，$u_{s'} \in U_{s'}$，$v \in V$。

$X_{s'iv}^{\mathrm{mc}}$：单位周期内，第 v 种定制产品所需要的、从供应商 s' 运送到装配厂 i 的标准模块的数量，用于 MC，$s' \in S'$，$i \in I$，$v \in V$。

$X_{s''iv}^{\mathrm{mc}}$：单位周期内，第 v 种定制产品所需要的、从供应商 s'' 运送到装配厂 i 的标准模块的数量，用于 MC，$s'' \in S''$，$i \in I$，$v \in V$。

X_i^{mp}：单位周期内，装配厂 i 装配的标准产品的数量，$i \in I$。

X_{iv}^{mc}：单位周期内，装配厂 i 装配第 v 种定制产品的数量，$i \in I$，$v \in V$。

X_{ij}^{mp}：单位周期内，从装配厂 i 运送到批发商 j 的标准产品的数量，$i \in I$，$j \in J$。

X_{jk}^{mp}：单位周期内，从批发商 j 运送到零售商 k 的标准产品的数量，$j \in J$，$k \in K$。

X_{ivk}^{mc}：单位周期内，从装配厂 i 运送到消费区域 k 的第 v 种定制产品的数量，$i \in I$，$v \in V$，$k \in K$。

（2）相关参数。

$C_{s'i}^{\mathrm{mp}}$：从供应商 s' 到装配厂 i 的标准模块的单位服务费用，用于 MP，包括购买费用、运输费用等，$s' \in S'$，$i \in I$。

$C_{s''i}^{\mathrm{mp}}$：从供应商 s'' 到装配厂 i 的标准模块的单位服务费用，用于 MP，包括购买费用、运输费用等，$s'' \in S''$，$i \in I$。

$R_{s'i}^{\mathrm{mp}}$：从供应商 s' 到装配厂 i 的标准模块的单位收益，用于 MP，$s' \in S'$，$i \in I$。

$R_{s''i}^{\mathrm{mp}}$：从供应商 s'' 到装配厂 i 的标准模块的单位收益，用于 MP，$s'' \in S''$，$i \in I$。

$C_{s'u_{s'}i}^{\mathrm{mc}}$：从供应商 s' 到装配厂 i 的定制模块 $u_{s'}$ 的单位服务费用，用于 MC，包括购买费用、运输费用等，$s' \in S'$，$i \in I$，$u_{s'} \in U_{s'}$。

$R_{s'u_{s'}i}^{\mathrm{mc}}$：从供应商 s' 到装配厂 i 的定制模块 $u_{s'}$ 的单位收益，用于 MC，$s' \in S'$，$i \in I$，$u_{s'} \in U_{s'}$。

$C_{s'i}^{\mathrm{mc}}$：从供应商 s' 到装配厂 i 的标准模块的单位服务费用，用于 MC，包括购买费用、运输费用等，$s' \in S'$，$i \in I$。

$R_{s'i}^{mc}$：从供应商 s' 到装配厂 i 的标准模块的单位收益，用于 MC，$s' \in S'$，$i \in I$。

$C_{s''i}^{mc}$：从供应商 s'' 到装配厂 i 的标准模块的单位服务费用，用于 MC，包括购买费用、运输费用等，$C_{s''i}^{mc} = C_{s''i}^{mp}$，$s'' \in S''$，$i \in I$。

$R_{s''i}^{mc}$：从供应商 s'' 到装配厂 i 的标准模块的单位收益，用于 MC，$R_{s''i}^{mc} = R_{s''i}^{mp}$，$s'' \in S''$，$i \in I$。

C_i^{mp}：装配厂 i 装配标准产品的单位费用，包括存储费用、装配费用等，$i \in I$。

C_{iv}^{mc}：装配厂 i 装配第 v 种定制产品的单位费用，包括存储费用、装配费用等，$i \in I$，$v \in V$。

C_{ij}^{mp}：从装配厂 i 到批发商 j 的标准产品的单位服务费用，包括运输费用、管理费用等，$i \in I$，$j \in J$。

R_{ij}^{mp}：从装配厂 i 到批发商 j 的标准产品的单位收益，$i \in I$，$j \in J$。

C_{jk}^{mp}：从批发商 j 到零售商 k 的标准产品的单位服务费用，包括管理费用、运输费用等，$j \in J$，$k \in K$。

R_{jk}^{mp}：从批发商 j 到零售商 k 的标准产品的单位收益，$j \in J$，$k \in K$。

C_{ivk}^{mc}：从装配厂 i 到消费区域 k 的第 v 种定制产品的单位服务费用，包括运输费用、管理费用等，$i \in I$，$v \in V$，$k \in K$。

R_{ivk}^{mc}：从装配厂 i 到消费区域 k 的第 v 种定制产品的单位收益，$i \in I$，$v \in V$，$k \in K$。

D_k^{mp}：单位周期内，零售商 k 对标准产品的订货量，$k \in K$。

D_{kv}^{mc}：单位周期内，消费区域 k 对第 v 种定制产品的需求量，$v \in V$，$k \in K$。

$\bar{D}_k^{mp}$：单位周期内，由于大规模定制的出现，零售商 k 对标准产品的订货量，$\bar{D}_k^{mp} = D_k^{mp} - \beta_k \sum_{v \in V} D_{kv}^{mc}$，其中，$\beta_k$ 为原有购买标准产品的顾客转变成为定制产品顾客的比率，$0 \leq \beta_k \leq 1$，$k \in K$。

e_s：单位周期内，供应商 s 的最大供应能力，$s \in S = S' \cup S''$。

e_i：单位周期内，装配厂 i 的最大装配能力，$i \in I$。

e_j：单位周期内，批发商 j 的最大服务能力，$j \in J$。

$\alpha_{s'}^{mp}$：单位标准产品所需要的第 s' 种标准模块的数量，为正整数，$s' \in S'$。

$\alpha_{s''}^{mp}$：单位标准产品所需要的第 s'' 种标准模块的数量，为正整数，$s'' \in S''$。

$\alpha_{s'u_{s'}}^{mc}$：单位定制产品所需要的第 $u_{s'}$ 种定制模块的数量，为正整数，$s' \in S'$，$u_{s'} \in U_{s'}$。

$\alpha_{s'}^{mc}$：单位定制产品所需要的第 s' 种标准模块的数量，为正整数，$s' \in S'$。

$\alpha_{s''}^{mc}$：单位定制产品所需要的第 s'' 种标准模块的数量，为正整数，$s'' \in S''$。

3.3.4　算例分析

该模型可用 LINGO 8.0 应用软件包求解。

已知某企业有 3 个模块供应商、2 个装配厂、2 个批发商、3 个零售商（即 3 个消费区域），企业同时实施大规模定制和大规模生产，装配厂采用混流装配模式。需要决定的是根据已知的供应能力、装配能力、顾客需求，如何制订装配计划和相应的配送计划，使该供应链利润最大。初始数据见表 3-7。其中，费用单位为元，数量单位为件或台。

在该例中，对部分数据作以下解释。

模块供应商 s_1，s_2 既供应标准模块也供应定制模块，模块供应商 s_3 仅供应标准模块。

$U_{s_1} = \{s_{11}, s_{12}\}$，$U_{s_2} = \{s_{21}, s_{22}\}$ 表示模块供应商 s_1 和 s_2 供应的定制模块分别为 s_{11}，s_{12} 和 s_{21}，s_{22}；

v_{11}，v_{12}，v_{21}，v_{22}，v_{1121}，v_{1122}，v_{1221}，v_{1222} 是定制产品的种类。其中，v_{11} 表示该定制产品中仅包含定制模块 s_{11}；v_{12} 表示该定制产品中仅包含定制模块 s_{12}；v_{21} 表示该定制产品中仅包含定制模块 s_{21}；v_{22} 表示该定制产品中仅包含定制模块 s_{22}；v_{1121} 表示该定制产品中仅包含定制模块 s_{11} 和 s_{21}；v_{1122} 表示该定制产品中仅包含定制模块 s_{11} 和 s_{22}；v_{1221} 表示该定制产品中仅包含定制模块 s_{12} 和 s_{21}；v_{1222} 表示该定制产品中仅包含定制模块 s_{12} 和 s_{22}。

$\alpha_{s_1}^{mp} \sim \alpha_{s_3}^{mp}$ 的值为 4、2 和 2，表示一件标准产品需要模块供应商 s_1，s_2 和 s_3 依次供应的标准模块的数量。

$\alpha_{s_1}^{mc} \sim \alpha_{s_2}^{mc}$ 和 $\alpha_{s_3}^{mc}$ 的值为 4、2 和 2，表示一件定制产品需要模块供应商 s_1，s_2 和 s_3 依次供应的标准模块的数量。

$\alpha_{s_1u_{s_1}}^{mc} \sim \alpha_{s_2u_{s_2}}^{mc}$ 的值为 4、4、2 和 2，表示一件定制产品需要模块供应商 s_1 供应的定制模块 s_{11} 和 s_{12} 的数量分别为 4 和 4；需要模块供应商 s_2 供应定制模块 s_{21} 和 s_{22} 的数量分别为 2 和 2。

表 3 - 7 初始数据

参数	值
I	i_1，i_2
J	j_1，j_2
K	k_1，k_2，k_3
S'	s_1，s_2
S''	s_3
U_{s_1}，U_{s_2}	$U_{s_1} = \{s_{11}，s_{12}\}$，$U_{s_2} = \{s_{21}，s_{22}\}$
V	v_{11}，v_{12}，v_{21}，v_{22}，v_{1121}，v_{1122}，v_{1221}，v_{1222}
$e_{s_1} \sim e_{s_3}$	11000，5400，5400
$e_{i_1} \sim e_{i_2}$	800，1000
$e_{j_1} \sim e_{j_2}$	1500，1000
$D_{k_1}^{mp} \sim D_{k_3}^{mp}$	520，510，550
$\alpha_{s_1}^{mp} \sim \alpha_{s_3}^{mp}$	4，2，2
$\alpha_{s_1}^{mc} \sim \alpha_{s_2}^{mc}$	4，2
$\alpha_{s_1 u_{s_1}}^{mc} \sim \alpha_{s_2 u_{s_2}}^{mc}$	4，4，2，2
$\alpha_{s_3}^{mc}$	2
$C_{i_1}^{mp} \sim C_{i_2}^{mp}$	75，82
$C_{i_1 v}^{mc} \sim C_{i_2 v}^{mc}$，$v \in V$	85，85，95，95，99，99，99，99；87，87，90，90，110，110，110，110
$C_{i_1 j_1}^{mp} \sim C_{i_2 j_2}^{mp}$	1，1.5；2，2.5
$R_{i_1 j_1}^{mp} \sim R_{i_2 j_2}^{mp}$	500，750；800，500
$C_{j_1 k_1}^{mp} \sim C_{j_2 k_3}^{mp}$	1，1.5，1；2，2.5，2.2
$R_{j_1 k_1}^{mp} \sim R_{j_2 k_3}^{mp}$	550，560，550；800，780，790
$C_{s_1 i_1}^{mp} \sim C_{s_3 i_2}^{mp}$	1，1.5；1，2；2.3，1
$R_{s_1 i_1}^{mp} \sim R_{s_3 i_2}^{mp}$	10，15；10，20；23，10
$C_{s_1 s_{11} i_1}^{mc}$，$C_{s_1 s_{12} i_1}^{mc}$，$C_{s_1 s_{11} i_2}^{mc}$，$C_{s_1 s_{12} i_2}^{mc}$；$C_{s_2 s_{21} i_1}^{mc}$，$C_{s_2 s_{22} i_1}^{mc}$，$C_{s_2 s_{21} i_2}^{mc}$，$C_{s_2 s_{22} i_2}^{mc}$	1.8，2.5，1.6，2.2；1.7，2.2，3，2.5
$R_{s_1 s_{11} i_1}^{mc}$，$R_{s_1 s_{12} i_1}^{mc}$，$R_{s_1 s_{11} i_2}^{mc}$，$R_{s_1 s_{12} i_2}^{mc}$；$R_{s_2 s_{21} i_1}^{mc}$，$R_{s_2 s_{22} i_1}^{mc}$，$R_{s_2 s_{21} i_2}^{mc}$，$R_{s_2 s_{22} i_2}^{mc}$	18，25，16，22；17，22，30，25

续表

参数	值
$C_{s_3i_1}^{mc} \sim C_{s_3i_2}^{mc}$	0.23，0.1
$R_{s_3i_1}^{mc} \sim R_{s_3i_2}^{mc}$	23，10
$C_{i_2vk_1}^{mc} \sim C_{i_2vk_3}^{mc}$，$v \in V$	3，3.5，2.8，4.2，3.6，3，4，4.5； 3，3，3.2，3.2，3.6，3.8，4.9，4.5； 3.5，3.5，2.5，4.2，3.6，3.9，4.3，4.5
$C_{i_1vk_1}^{mc} \sim C_{i_1vk_3}^{mc}$，$v \in V$	4，3.5，4.8，4.8，3.6，4.3，4.5，4.8； 4.3，3.5，4.0，4.8，3.4，4.7，4.5，4.8； 4.5，3.5，4.8，4.8，3.6，4.3，4.5，4.8
$R_{i_1vk_1}^{mc} \sim R_{i_1vk_3}^{mc}$，$v \in V$	600，700，560，840，720，600，800，900； 600，600，640，640，720，760，980，900； 700，700，500，840，720，780，860，900
$R_{i_2vk_1}^{mc} \sim R_{i_2vk_3}^{mc}$，$v \in V$	800，700，960，960，720，860，900，960； 860，700，800，960，680，940，900，960； 900，700，960，960，720，860，900，960

假设 $D_{k_1}^{mc} \sim D_{k_3}^{mc}$ 对定制产品的需求见表 3-8，$\beta = 0.3$。

表 3-8　　　　　　　　　消费区域对定制产品的需求

消费区域 ＼ 种类	v_{11}，v_{12}，v_{21}，v_{22}，v_{1121}，v_{1122}，v_{1221}，v_{1222}
k_1	5，4，3，6，2，8，6，4
k_2	8，3，9，5，6，4，7，3
k_3	5，6，4，5，8，2，7，3

优化结果：模型在 58 步得到最优解，最大净利润为 2706838 元。优化后的装配计划及配送计划见表 3-9 和表 3-10。

表 3-9　　　　　　　标准产品和定制产品装配计划优化结果

| 装配厂 | 标准产品 | 定制产品 |
		v_{11}，v_{12}，v_{21}，v_{22}，v_{1121}，v_{1122}，v_{1221}，v_{1222}
i_1	800	0，0，0，0，0，0，0，0
i_2	744	18，13，16，16，16，14，20，10

表 3 – 10 配送计划优化结果

决策变量	最优值
$X_{i_1j_1}^{\mathrm{mp}} \sim X_{i_2j_2}^{\mathrm{mp}}$	0, 800; 744, 0
$X_{j_1k_1}^{\mathrm{mp}} \sim X_{j_2k_3}^{\mathrm{mp}}$	0, 497, 247; 509, 0, 291
$X_{s_1i_1}^{\mathrm{mp}} \sim X_{s_3i_2}^{\mathrm{mp}}$	3200, 2976; 1600, 1488; 1600, 1488
$X_{s_1i_1}^{\mathrm{mc}} \sim X_{s_3i_2}^{\mathrm{mc}}$	0, 128; 0, 62; 0, 220
$X_{s_1s_{11}i_1}^{\mathrm{mc}} \sim X_{s_2s_{22}i_2}^{\mathrm{mc}}$	0, 0, 192, 172; 0, 0, 2170, 80
$X_{i_1vk_1}^{\mathrm{mc}} \sim X_{i_2vk_3}^{\mathrm{mc}}$, $v \in V$	0, 0, 0, 0, 0, 0, 0, 0; 0, 0, 0, 0, 0, 0, 0, 0; 0, 0, 0, 0, 0, 0, 0, 0; 5, 4, 3, 6, 2, 8, 6, 4; 8, 3, 9, 5, 6, 4, 7, 3; 5, 6, 4, 5, 8, 2, 7, 3

从表 3 – 9 可以看出，优化后的装配计划是：在装配厂 i_1 仅装配标准产品，装配数量为 800 件。在装配厂 i_2 既装配标准产品又装配定制产品，装配标准产品 744 件，装配定制产品 v_{11}、v_{12}、v_{21}、v_{22}、v_{1121}、v_{1122}、v_{1221}、v_{1222} 依次为 18 件、13 件、16 件、16 件、16 件、14 件、20 件和 10 件。

从表 3 – 10 容易看出优化之后标准模块、定制模块、标准产品和定制产品的以下配送计划。

$X_{i_1j_1}^{\mathrm{mp}} \sim X_{i_2j_2}^{\mathrm{mp}}$ 的值为 0、800、744 和 0，表示从装配厂 i_1 运送标准产品到批发商 j_1 和 j_2 的数量为 0 和 800 件，从装配厂 i_2 运送标准产品到批发商 j_1 和 j_2 的数量为 744 和 0 件。

$X_{j_1k_1}^{\mathrm{mp}} \sim X_{j_2k_3}^{\mathrm{mp}}$ 的值为 0、497、247、509、0 和 291，表示从批发商 j_1 运送标准产品到零售商（或消费区域）k_1、k_2 和 k_3 的数量依次为 0、497 和 247 件，从批发商 j_2 运送标准产品到零售商（或消费区域）k_1、k_2 和 k_3 的数量依次为 509、0 和 291 件。

$X_{s_1i_1}^{\mathrm{mp}} \sim X_{s_3i_2}^{\mathrm{mp}}$ 的值为 3200、2976、1600、1488、1600 和 1488，表示从模块供应商 s_1 运送标准模块到装配厂 i_1 和 i_2 的数量分别为 3200 和 2976 件，从模块供应商 s_2 运送标准模块到装配厂 i_1 和 i_2 的数量分别为 1600 和 1488 件，从模块供应商 s_3 运送标准模块到装配厂 i_1 和 i_2 的数量分别为 1600 和 1488 件。

$X_{s_1i_1}^{\mathrm{mc}} \sim X_{s_3i_2}^{\mathrm{mc}}$ 的值为 0、128、0、62、0 和 220，表示从模块供应商 s_1 运送标准模块到装配厂 i_1 和 i_2 的数量分别为 0 和 128 件，从模块供应商 s_2 运送标准模块到装配厂 i_1 和 i_2 的数量分别为 0 和 62 件，从模块供应商 s_3 运送标准模块到装配厂 i_1 和 i_2 的数量分别为 0 和 220 件。

$X^{\text{mc}}_{s_1 s_{11} i_1} \sim X^{\text{mc}}_{s_2 s_{22} i_2}$ 的值为 0、0、192、172、0、0、2170 和 80，表示从模块供应商 s_1 运送定制模块 s_{11} 和 s_{12} 到装配厂 i_1 与 i_2 的数量分别为 0 和 0 与 192 和 172 件，从模块供应商 s_2 运送定制模块 s_{21} 和 s_{22} 到装配厂 i_1 与 i_2 的数量分别为 0 和 0 与 2170 和 80 件，即模块供应商 s_1 和 s_2 都没有运送定制模块到装配厂 i_1，因为装配厂 i_1 仅装配标准产品。

$X^{\text{mc}}_{i_1 v k_1} \sim X^{\text{mc}}_{i_2 v k_3}$，$v \in V$ 的值中前面 24 个 0 表示装配厂 i_1 没有运送定制产品到零售商（或消费区域）k_1、k_2 和 k_3，因为装配厂 i_1 仅装配标准产品；后面数值表示装配厂 i_2 运送到零售商（或消费区域）k_1 的定制产品 v_{11}、v_{12}、v_{21}、v_{22}、v_{1121}、v_{1122}、v_{1221} 和 v_{1222} 的数量依次为 5、4、3、6、2、8、6 和 4 件，装配厂 i_2 运送到零售商（或消费区域）k_2 的定制产品 v_{11}、v_{12}、v_{21}、v_{22}、v_{1121}、v_{1122}、v_{1221} 和 v_{1222} 的数量依次为 8、3、9、5、6、4、7 和 3 件，装配厂 i_2 运送到零售商（或消费区域）k_3 的定制产品 v_{11}、v_{12}、v_{21}、v_{22}、v_{1121}、v_{1122}、v_{1221} 和 v_{1222} 的数量依次为 5、6、4、5、8、2、7 和 3 件。

3.3.5　本节小结

大规模定制将替代大规模生产，成为 21 世纪的主流生产模式。这种替代不是跳跃式、瞬间实现的，而是一个逐渐转变的过程。实际情况是，在众多的企业中大规模定制并没有完全取代大规模生产，而是两种生产模式并存。在大规模定制与大规模生产并存模式下，企业采用混流装配模式后，由于大规模定制的介入，原本平稳的大规模生产产生了波动，企业的生产计划、物流分配都随之发生了变化，供应链的管理变得相对复杂。针对这一现实，基于混流装配模式，分析了 MC/MP 供应链的结构，给出了 MC/MP 供应链的优化模型。研究结果针对单位周期内定制产品、标准产品的需求以及定制产品对标准产品需求量的影响，优化了各种产品的装配计划和配送计划。通过算例验证了该模型的合理性和有效性。

3.4　MC/MP 供应链多目标优化模型

通过第 1 章的分析，"等待时间较长"是影响顾客定制产品的因素之一。

本节在 3.3 节的基础上作进一步的研究，充分考虑 MC 供应链与 MP 供应链的特点，给出一个多目标优化模型，目的是最小化 MC/MP 集成供应链的运作费用及 MC 供应链的反应时间[75]。这里，最小化 MC 供应链的反应时间就是最小化顾客等待时间。

3.4.1　MC/MP 供应链物流网络结构

本节首先给出 MC/MP 供应链物流网络结构，然后给出多目标 MC/MP 供应链运作模型。

如图 3 – 5 所示，MC/MP 供应链包括两部分：MC 供应链和 MP 供应链。前者的追求的目标是降低费用和缩短反应时间，后者则是降低费用。

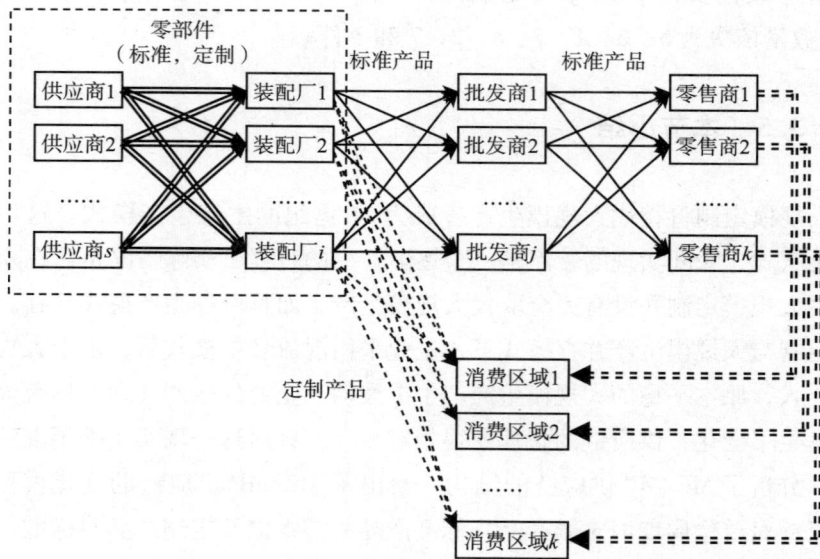

图 3 – 5　MC/MP 供应链物流网络结构

注：➡ 表示标准/定制零部件物流；→ 表示 MP 产品物流；◀= = 表示零售商为消费区域服务；----➤ 表示 MC 产品物流。

MC/MP 供应链的特征：其结构是 MC 供应链和 MP 供应链的集成，MC 产品直接运送给消费者，而 MP 产品则使用传统的配送网络。

本节应用与 3.3 节相同的假设，相关符号延用 3.3 节的符号，另外定义以下符号。

t_{si}：从供应商 s 到工厂 i 的运输时间，$s \in S$，$i \in I$。

t_{ik}：从工厂 i 到消费区域 k 的运输时间，$i \in I$，$k \in K$。

Z_{ik}：定制产品是否从工厂 i 运送到消费区域 k 的决策变量，$Z_{ik} \in \{0, 1\}$，$i \in I$，$k \in K$。

Y_i：是否在工厂 i 装配定制产品的决策变量，$Y_i \in \{0, 1\}$，$i \in I$，$k \in K$。

I^*：用于装配定制产品的工厂的集合，$I^* \subseteq I$，I^* 不能为 $\varnothing$。

K_i^*：由工厂 i 提供服务的消费区域的集合，$K_i^* \subseteq K$，K_i^* 不能为 $\varnothing$，$i \in I^*$。

3.4.2 多目标优化模型

基于前面的假设，给出以下多目标优化模型。

1. 目标函数

该目标函数包括两个函数：［OBJECTIVE］和子目标函数［SUB‑OBJECTIVE］。目标函数［OBJECTIVE］的目的是最小化 MC/MP 供应链的总运作费用，目标函数［SUB‑OBJECTIVE］的目的是最小化 MC 供应链的反应时间并得到最优的 I^* 和 K_i^*，这两个集合在目标函数［OBJECTIVE］中用到。

［OBJECTIVE］为

$$\min \Big[\sum_{s' \in S'} \sum_{i \in I} C_{s'i}^{mp} X_{s'i}^{mp} + \sum_{s'' \in S''} \sum_{i \in I} C_{s''i}^{mp} X_{s''i}^{mp} +$$

$$\sum_{i \in I} \sum_{j \in J} C_{ij}^{mp} X_{ij}^{mp} + \sum_{j \in J} \sum_{k \in K} C_{jk}^{mp} X_{jk}^{mp} + \sum_{i \in I} C_i^{mp} \times X_i^{mp} \Big] +$$

$$\Big[\sum_{s' \in S'} \sum_{u_{s'} \in U_{s'}} \sum_{i \in I^*} C_{s'u_{s'}i}^{mc} X_{s'u_{s'}i}^{mc} + \sum_{s' \in S'} \sum_{i \in I^*} C_{s'i}^{mc} X_{s'i}^{mc} +$$

$$\sum_{s'' \in S''} \sum_{i \in I^*} C_{s''i}^{mc} X_{s''i}^{mc} + \sum_{v \in V} \sum_{i \in I^*} \sum_{k \in K_i^*} C_{ivk}^{mc} X_{ivk}^{mc} + \sum_{v \in V} \sum_{i \in I^*} C_{iv}^{mc} \times X_{iv}^{mc} \Big] \qquad (3-21)$$

［SUB‑OBJECTIVE］为

$$\Big\{ \min_{I^*, K_i^*} \sum_{i \in I} \big((t_{si}, s \in S)^+ + \sum_{k \in K} t_{ik} Z_{ik} \big)$$

s.t.

$$1 \leq \sum_{i \in I} Y_i \leq \text{Count}(I)$$

$$\sum_{i \in I} Z_{ik} Y_i = 1 \qquad \forall k \in K$$

$$Y_i, Z_{jk} \in \{0, 1\} \qquad \forall i \in I, k \in K \Big\} \qquad (3-22)$$

式（3-21）第一部分表示 MP 供应链的总费用，第二部分表示 MC 供应链的总费用。在第一部分中，第一项表示将标准零部件从供应商 s' 运送到装配厂 $i(i \in I)$ 的运输费用，该标准零部件用于装配标准产品；第二项表示将标准零部件从供应商 s'' 运送到装配厂 $i(i \in I)$ 的运输费用，该标准零部件用于装配标准产品；第三项表示将标准产品从装配厂 $i(i \in I)$ 运送到批发商的运输费用；第四项表示将标准产品从批发商运送到零售商的运输费用；第五项表示标准产品的装配费用。在第二部分中，第一项表示将定制零部件从供应商 s' 运送到装配厂 $i(i \in I^*)$ 的运输费用，该定制零部件用于装配定制产品；第二项表示将标准零部件从供应商 s' 运送到装配厂 $i(i \in I^*)$ 的运输费用，该标准零部件用于装配定制产品；第三项表示将标准零部件从供应商 s'' 运送到装配厂 $i(i \in I^*)$ 的运输费用，该标准零部件用于装配定制产品；第四项表示将定制产品从装配厂 $i(i \in I^*)$ 运送到消费区域 $k(k \in K_i^*)$ 的运输费用；第五项表示在装配厂 $i(i \in I^*)$ 装配定制产品的定制费用。

这里，I^* 和 K_i^* 是子目标函数 ［SUB - OBJECTIVE］ 的优化结果 ［见式（3-22）］。式（3-22）表示最小化 MC 供应链的反应时间。在第一行中的第一项表示从供应商 $s(s \in S)$ 到装配厂 $i(i \in I)$ 中最长的运送时间，第二项表示从装配厂 $i(i \in I)$ 到消费区域 $k(k \in K)$ 的总运送时间。第一个约束条件表示装配定制产品的装配厂的数量在 1 和 $Count(I)$ 之间，这里 $Count(I)$ 是装配厂的个数。第二个约束条件表示一个消费区域由一个装配厂提供服务。最后一个约束条件表示 Y_i 和 Z_{ik} 是 0-1 变量。

2. 约束条件

多目标优化模型中的约束条件为

$$\sum_{i \in I} X_i^{mp} = \sum_{k \in K} D_k^{mp} \tag{3-23}$$

$$X_{iv}^{mc} = \sum_{k \in K_i^*} D_{kv}^{mc} \qquad \forall v \in V, i \in I^* \tag{3-24}$$

$$X_{s'i}^{mp} = \alpha_{s'}^{mp} X_i^{mp} \qquad \forall s' \in S', i \in I \tag{3-25}$$

$$X_{s''i}^{mp} = \alpha_{s''}^{mp} X_i^{mp} \qquad \forall s'' \in S'', i \in I \tag{3-26}$$

$$X_{s'u_{s'}i}^{mc} = \sum_{v \in V} X_{s'u_{s'}iv}^{mc} \qquad \forall s' \in S', i \in I^*, u_{s'} \in U_{s'} \tag{3-27}$$

$$X_{s'i}^{mc} = \sum_{v \in V} X_{s'iv}^{mc} \qquad \forall s' \in S', i \in I^* \tag{3-28}$$

$$X_{s''i}^{mc} = \sum_{v \in V} X_{s''iv}^{mc} \qquad \forall s'' \in S'', i \in I^* \tag{3-29}$$

$$X_{s'u_{s'}iv}^{\mathrm{mc}} = \alpha_{s'u_{s'}}^{\mathrm{mc}} X_{iv}^{\mathrm{mc}} \qquad \forall s' \in S', \ i \in I^*, \ v \in V, \ u_{s'} \in U_{s'} \qquad (3-30)$$

$$X_{s'iv}^{\mathrm{mc}} = \alpha_{s'}^{\mathrm{mc}} X_{iv}^{\mathrm{mc}} \qquad \forall s' \in S', \ i \in I^*, \ v \in V \qquad (3-31)$$

$$X_{s''iv}^{\mathrm{mc}} = \alpha_{s''}^{\mathrm{mc}} X_{iv}^{\mathrm{mc}} \qquad \forall s'' \in S'', \ i \in I^*, \ v \in V \qquad (3-32)$$

$$\sum_{j \in J} X_{ij}^{\mathrm{mp}} = X_i^{\mathrm{mp}} \qquad \forall i \in I \qquad (3-33)$$

$$\sum_{k \in K_i^*} X_{ivk}^{\mathrm{mc}} = X_{iv}^{\mathrm{mc}} \qquad \forall i \in I^*, \ v \in V \qquad (3-34)$$

$$\sum_{j \in J} X_{jk}^{\mathrm{mp}} = D_k^{\mathrm{mp}} \qquad \forall k \in K \qquad (3-35)$$

$$X_{ivk}^{\mathrm{mc}} = D_{kv}^{\mathrm{mc}} \qquad \forall k \in K_i^*, \ i \in I^*, \ v \in V \qquad (3-36)$$

$$\sum_{k \in K} X_{jk}^{\mathrm{mp}} = \sum_{i \in I} X_{ij}^{\mathrm{mp}} \qquad \forall j \in J \qquad (3-37)$$

$$0 \leqslant \sum_{i \in I} X_{s'i}^{\mathrm{mp}} + \sum_{i \in I^*} \sum_{u_{s'} \in U_{s'}} X_{s'u_{s'}i}^{\mathrm{mc}} + \sum_{i \in I^*} X_{s'i}^{\mathrm{mc}} \leqslant e_{s'} \qquad \forall s' \in S', \ u_{s'} \in U_{s'} \qquad (3-38)$$

$$0 \leqslant \sum_{i \in I} X_{s''i}^{\mathrm{mp}} + \sum_{i \in I^*} X_{s''i}^{\mathrm{mc}} \leqslant e_{s''} \qquad \forall s'' \in S'' \qquad (3-39)$$

$$0 \leqslant X_i^{\mathrm{mp}} + \sum_{v \in V} X_{iv}^{\mathrm{mc}} \leqslant e_{i_*} \qquad \forall i \in I^* \qquad (3-40)$$

$$0 \leqslant \sum_{i \in I} X_{ij}^{\mathrm{mp}} \leqslant e_j \qquad \forall j \qquad (3-41)$$

式（3-23）和（3-24）表示标准产品和定制产品的需求必须满足；式（3-25）和（3-26）表示标准产品所需要的标准零部件必须满足；式（3-27）~式（3-32）表示定制产品所需要的标准零部件和定制零部件必须满足；式（3-33）表示从装配厂 i 运送到所有批发商的标准产品量等于该厂装配的标准产品量；式（3-34）表示从装配厂 i 运送到所有消费区域的第 v 种定制产品量等于该厂装配的该种定制产品量；式（3-35）表示从所有批发商运送到零售商 k 的标准产品量等于该零售商的需求量；式（3-36）表示从所有装配厂运送到消费区域 k 的第 v 种定制产品量等于相应区域的该定制产品需求量；式（3-37）表示从批发商 j 运送到所有零售商的标准产品量等于从所有装配厂运送到该批发商的标准产品量；式（3-38）、式（3-39）为供应商的供应能力约束；式（3-40）为装配厂的装配能力约束；式（3-41）为批发商的服务能力约束。

3.4.3　数值算例

本节在子目标函数［SUB-OBJECTIVE］优化结果的基础上，得到了多目标优化模型的最优解，包括最小化运作费用、生产计划和配送计划。

1. 相关数据

某 MC/MP 公司拥有 3 个供应商、2 个装配厂、2 个批发商和 3 个零售商，每个零售商服务于一个消费区域。相关数据见表 3 – 11 和表 3 – 12，表 3 – 11 中的数据与表 3 – 7 中部分数据相同。零部件（或产品）、费用和时间的单位分别为 pcs、$ 和天。

2. 优化结果

（1）［SUB – OBJECTIVE］的优化结果。从供应商 s_1、s_2 和 s_3 到装配厂 i_1 的运输时间分别为 1、1.5 和 1.5；从供应商 s_1、s_2 和 s_3 到装配厂 i_2 的运输时间分别为 2、1 和 1.5；从装配厂 i_1 到消费区域 k_1、k_2 和 k_3 的运输时间分别为 4、2 和 3；从装配厂 i_2 到消费区域 k_1、k_2 和 k_3 的运输时间分别为 5、1 和 1。

基于上面的运输时间，子目标函数［SUB – OBJECTIVE］的优化结果为：最短的反应时间为 9.5 天，$I^* = \{i_1, i_2\}$，$K_{i_1}^* = \{k_1\}$ 和 $K_{i_2}^* = \{k_2, k_3\}$。优化结果表明：定制产品在装配厂 i_1 和 i_2 装配，消费区域 k_1 的定制产品需求由装配厂 i_1 提供服务，消费区域 k_2 和 k_3 的定制产品需求由装配厂 i_2 提供服务。

（2）［OBJECTIVE］的优化结果。基于子目标函数［SUB – OBJECTIVE］的优化结果 I^* 和 K_i^*，可得到［OBJECTIVE］的优化结果：最小化运作费用为 157127.3 $，装配计划和配送计划见表 3 – 13 和表 3 – 14。

显然，由装配厂 i_1 装配的定制产品数量等于消费区域 k_1 的需求量，由装配厂 i_2 装配的定制产品数量等于消费区域 k_2 和 k_3 的需求量。

3. 优化结果分析

为了对最优值进行分析，给出以下两种情况：情况一，仅有一个装配厂装配定制产品；情况二，没有子目标函数［SUB – OBJECTIVE］（称之为单目标优化模型）。两种情况的优化结果见表 3 – 15。

从表 3 – 15 可以得出：在本节给出的多目标优化模型中，MC 供应链的反应时间最短。同时，随着反应时间的缩短，MC/MP 供应链的运作费用会增加，但与情况一和情况二相比，运作费用增加的幅度（0.14% 和 0.17%）远小于反应时间缩短的幅度（10.5% 和 105.3%）。所以，MC/MP 公司应该对 MC 供应链的反应时间作出决策以降低 MC/MP 供应链的总费用并满足顾客对定制时间的需求。

表 3 –11 参数值

参数	值
I	i_1，i_2
J	j_1，j_2
K	k_1，k_2，k_3
S'	s_1，s_2
S''	s_3
U_{s_1}，U_{s_2}	$U_{s_1}=\{s_{11}，s_{12}\}$，$U_{s_2}=\{s_{21}，s_{22}\}$
V	v_{11}，v_{12}，v_{21}，v_{22}，v_{1121}，v_{1122}，v_{1221}，v_{1222}
$e_{s_1}\sim e_{s_3}$	11000，5400，5400
$e_{i_1}\sim e_{i_2}$	800，1000
$e_{j_1}\sim e_{j_2}$	1500，1000
$D_{k_1}^{mp}\sim D_{k_3}^{mp}$	509，497，538
$\alpha_{s_1}^{mp}\sim\alpha_{s_3}^{mp}$；$\alpha_{s_1}^{mc}\sim\alpha_{s_3}^{mc}$	4，2，2；4，2，2
$\alpha_{s_1u_{s_1}}^{mc}\sim\alpha_{s_2u_{s_2}}^{mc}$	4，4，2，2
$C_{i_1}^{mp}\sim C_{i_2}^{mp}$	75，82
$C_{i_1v}^{mc}\sim C_{i_2v}^{mc}$，$v\in V$	85，85，95，95，99，99，99，99； 87，87，90，90，110，110，110，110
$C_{i_1j_1}^{mp}\sim C_{i_2j_2}^{mp}$	1，1.5；2，2.5
$C_{j_1k_1}^{mp}\sim C_{j_2k_3}^{mp}$	1，1.5，1；2，2.5，2.2
$C_{s_1i_1}^{mp}\sim C_{s_3i_2}^{mp}$	1，1.5；1，2；2.3，1
$C_{s_1s_{11}i_1}^{mc}$，$C_{s_1s_{12}i_1}^{mc}$，$C_{s_1s_{11}i_2}^{mc}$，$C_{s_1s_{12}i_2}^{mc}$； $C_{s_2s_{21}i_1}^{mc}$，$C_{s_2s_{22}i_1}^{mc}$，$C_{s_2s_{21}i_2}^{mc}$，$C_{s_2s_{22}i_2}^{mc}$	1.8，2.5，1.6，2.2； 1.7，2.2，3，2.5
$C_{s_3i_1}^{mc}\sim C_{s_3i_2}^{mc}$	0.23，0.1
$C_{i_2vk_1}^{mc}\sim C_{i_2vk_3}^{mc}$，$v\in V$	3，3.5，2.8，4.2，3.6，3，4，4.5； 3，3，3.2，3.2，3.6，3.8，4.9，4.5； 3.5，3.5，2.5，4.2，3.6，3.9，4.3，4.5
$C_{i_1vk_1}^{mc}\sim C_{i_1vk_3}^{mc}$，$v\in V$	4，3.5，4.8，4.8，3.6，4.3，4.5，4.8； 4.3，3.5，4.0，4.8，3.4，4.7，4.5，4.8； 4.5，3.5，4.8，4.8，3.6，4.3，4.5，4.8

表 3 - 12 每个消费区域对定制产品的需求

消费区域＼种类	v_{11}	v_{12}	v_{21}	v_{22}	v_{1121}	v_{1122}	v_{1221}	v_{1222}
消费区域 k_1	5	4	3	6	2	8	6	4
消费区域 k_2	8	3	9	5	6	4	7	3
消费区域 k_3	5	6	4	5	8	2	7	3

表 3 - 13 标准产品和定制产品装配计划优化结果

装配厂	标准产品	定制产品							
		v_{11}	v_{12}	v_{21}	v_{22}	v_{1121}	v_{1122}	v_{1221}	v_{1222}
i_1	762	5	4	3	6	2	8	6	4
i_2	782	13	9	13	10	14	6	14	6

表 3 - 14 配送计划优化结果

决策变量	值
$X_{i_1j_1}^{mp} \sim X_{i_2j_2}^{mp}$	718，44；782，0
$X_{j_1k_1}^{mp} \sim X_{j_2k_3}^{mp}$	465，497，538；44，0，0
$X_{s_1i_1}^{mp} \sim X_{s_3i_2}^{mp}$	3048，3128；1524，1564；1524，1564
$X_{s_1i_1}^{mc} \sim X_{s_3i_2}^{mc}$	36，92；18，44；76，170
$X_{s_1s_{11}i_1}^{mc} \sim X_{s_2s_{22}i_2}^{mc}$	60，56，132，116；22，36，54，44
$X_{i_1vk_1}^{mc} \sim X_{i_2vk_3}^{mc}$，$v \in V$	5，4，3，6，2，8，6，4；0，0，0，0，0，0，0，0；0，0，0，0，0，0，0，0；0，0，0，0，0，0，0，0；8，3，9，5，6，4，7，3；5，6，4，5，8，2，7，3

表 3 - 15 不同情况优化结果

目标函数	I^*	K_i^*	最小值	
			总费用	反应时间
多目标	$\{i_2\}$	$K_{i_2}^* = \{k_1, k_2, k_3\}$	156904.1	10.5
	$\{i_1, i_2\}$	$K_{i_1}^* = \{k_1\}$ $K_{i_2}^* = \{k_2, k_3\}$	157127.3	9.5
单目标	$I^* = I$	$K_i^* = K$	156865.7	19.5

3.4.4　本节小结

本节给出了一个 MC/MP 供应链多目标优化模型，目的是最小化该供应链的运作费用及 MC 供应链的反应时间。该多目标优化模型包括两个目标函数：［OBJECTIVE］和［SUB – OBJECTIVE］。应用数值算例对该模型进行了分析研究。

该多目标优化模型具有以下特点：第一，将两个目标不同的供应链 MC 供应链和 MP 供应链集成在一起，MC 供应链的目的是降低费用和缩短反应时间，而 MP 供应链的目的是降低费用；第二，目标函数［OBJECTIVE］的优化结果是建立在子目标函数［SUB – OBJECTIVE］的优化结果之上的。

应用该多目标优化模型可以得到以下结果：基于 MC 供应链最短反应时间的 MC/MP 供应链的最小费用；标准零部件和定制零部件的供应计划；标准产品和定制产品的装配计划；标准产品和定制产品的配送计划。

3.5　MC/MP 模式下的 EPQ 模型

在关于 EPQ（Economic Production Quantity，经济生产批量）模型的研究中，Chiu[76]应用微积分方法研究了随机缺陷率的影响并改写了 EPQ 模型。Cardenas – Barron[77]，Grubbstrom 和 Erdem[78]应用代数学方法研究了经典的 EOQ（Economic Order Quantity，经济订货批量）模型和 EPQ 模型。Han[79]研究了库存容量有限情况下，有缺陷产品时的 EPQ 问题。Islam 和 Roy[80]阐述了一个 EPQ 模型，该模型考虑生产过程的柔性和可靠性、需求相关性，单位生产费用为模糊参数。截至文献［81］发表，所有的研究都是针对 MP 模式的。

本节将对 MC/MP 模式下的 EPQ 模型进行研究，帮助 MC/MP 企业制定最优的经济生产批量和生产周期，最小化产品库存费用[81]。

3.5.1　问题描述

MC/MP 模式是指企业同时实施大规模定制（MC）和大规模生产（MP）

以满足顾客的不同需求的生产模式。称这类企业为 MC/MP 企业，大规模定制的产品为 MC 产品，大规模生产的产品为 MP 产品。

本节的研究基于传统的大规模生产模式（MP 模式），其生产率和需求率是已知的常数，允许缺货。

MC/MP 模式有以下特点：①MC 产品和 MP 产品共用一条生产线；②MC 产品直接送到消费者手中而不经过仓库存储；③大规模生产模式下的 MP 产品的生产率和需求率受 MC 产品定制率的影响；④MP 产品允许缺货。

图 3-6 描绘出了 MC/MP 模式和 MP 模式下 EPQ 库存系统的情况。

对相关符号作以下说明。

（1）变量。

t：MC/MP 模式下的 MP 产品的生产周期。

Q：MC/MP 模式下的 MP 产品的生产批量。

f：MC/MP 模式下的总费用。

$I_{\max}$：MC/MP 模式下 MP 产品的最大在库库存水平。

S：MC/MP 模式下 MP 产品的最大缺货水平。

（2）费用。

C_1：MC/MP 模式下 MP 产品的单位可变费用。

C_2：MC/MP 模式下 MC 产品的单位可变费用。

H：单位时间内，MC/MP 模式下 MP 产品的单位存储费用。

B：单位时间内，MC/MP 模式下 MP 产品的单位缺货费用。

K：MP 模式下的生产启动费用，是一个固定值。

γK：MC/MP 模式下生产启动费用，是一个固定值，$\gamma \geq 1$。

（3）参数。

D：单位时间内，MP 模式下 MP 产品的需求率。

P：单位时间内，MP 模式下 MP 产品的生产率，$P > D$。

α：MC/MP 模式下的 MC 产品的定制率，是一个随机变量，其均值满足 $0 \leq E(\alpha) < 1$，$E(\alpha) = 0$ 且 $\gamma = 1$ 表示是 MP 模式。

β：由生产 MP 产品转为 MC 产品的转移比率，$0 \leq \beta < 1$。

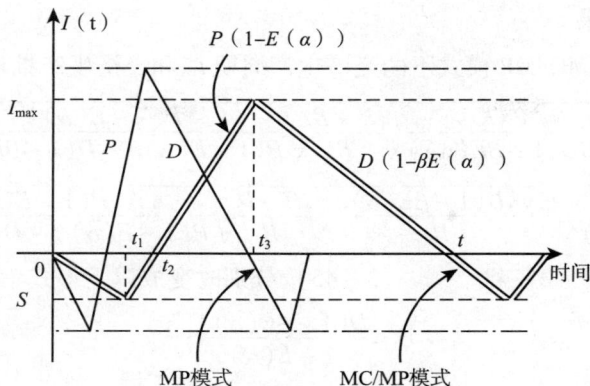

图 3-6 MC/MP 模式下 EPQ 库存系统的变化情况

3.5.2 EPQ 模型和优化结果

基于前面的假设，本节给出 MC/MP 模式下一个经济生产批量模型。

1. EPQ 模型

在 MC/MP 模式下，单位时间内的总平均费用包括储存费用、缺货损失费用、生产启动费用（或设备调整费用）和生产费用，因此，MC/MP 模式下的 EQP 模型为

$$\min f = \left[\frac{1}{2t} H(P(1-E(\alpha)) - D(1-\beta E(\alpha))) \cdot (t_3 - t_2)(t - t_2) \right] +$$

$$\left[\frac{1}{2t} B(P(1-E(\alpha)) - D(1-\beta E(\alpha)))(t_2 - t_1)t_2 \right] +$$

$$\frac{\gamma K}{t} + \frac{C_1 Q(1-E(\alpha)) + C_2 Q E(\alpha)}{t} \tag{3-42}$$

s. t.

$$Q(1-E(\alpha)) = D(1-\beta E(\alpha))t \tag{3-43}$$

$$P(1-E(\alpha))(t_3 - t_2) = D(1-\beta E(\alpha))(t - t_2) \tag{3-44}$$

$$D(1-\beta E(\alpha))t_2 = P(1-E(\alpha))(t_2 - t_1) \tag{3-45}$$

式（3-42）中第一部分表示 MP 产品的存储费用，第二部分表示 MP 产品的缺货损失费用，第三部分表示设备调整费用，最后一部分表示 MP 产品和 MC 产品的生产费用。式（3-43）~式（3-45）表示供需平衡。

2. 优化结果

定理 3.1 MC/MP 模式下的经济生产周期 t^* 和经济生产批量 Q^* 分别为

$$t^* = \sqrt{\frac{2\gamma K}{HD(1-\beta E(\alpha))}}\sqrt{\frac{H+B}{B}}\sqrt{\frac{P(1-E(\alpha))}{P(1-E(\alpha))-D(1-\beta E(\alpha))}}$$

$$Q^* = \frac{1}{1-E(\alpha)}\sqrt{\frac{2\gamma KD(1-\beta E(\alpha))}{H}}\sqrt{\frac{H+B}{B}}\sqrt{\frac{P(1-E(\alpha))}{P(1-E(\alpha))-D(1-\beta E(\alpha))}}$$

证明：将式（3-43）~式（3-45）分别改变成以下形式

$$Q = \frac{D(1-\beta E(\alpha))}{1-E(\alpha)}t \tag{3-46}$$

$$t_3 - t_2 = \frac{D(1-\beta E(\alpha))}{P(1-E(\alpha))}(t-t_2) \tag{3-47}$$

$$t_2 - t_1 = \frac{D(1-\beta E(\alpha))}{P(1-E(\alpha))}t_2 \tag{3-48}$$

将式（3-46）~式（3-48）替换到式（3-42）中，得到

$$\min f(t,\ t_2) = \frac{[P(1-E(\alpha))-D(1-\beta E(\alpha))]}{2P(1-E(\alpha))}\cdot D(1-\beta E(\alpha))\left[H\frac{(t-t_2)^2}{t}+\right.$$

$$\left.B\frac{t_2^2}{t}\right] + \frac{\gamma K}{t} + \frac{C_1(1-E(\alpha))+C_2 E(\alpha)}{1-E(\alpha)}D(1-\beta E(\alpha)) \tag{3-49}$$

从

$$\begin{cases}\dfrac{\partial f(t,\ t_2)}{\partial t}=0 \\[2mm] \dfrac{\partial f(t,\ t_2)}{\partial t_2}=0\end{cases} \tag{3-50}$$

可以得到 t 和 t_2 的最优值分别为

$$t^* = \sqrt{\frac{2\gamma K}{HD(1-\beta E(\alpha))}}\sqrt{\frac{H+B}{B}}\sqrt{\frac{P(1-E(\alpha))}{P(1-E(\alpha))-D(1-\beta E(\alpha))}}$$
$$\tag{3-51}$$

$$t_2^* = \sqrt{\frac{2\gamma K}{BD(1-\beta E(\alpha))}}\sqrt{\frac{H}{H+B}}\cdot\sqrt{\frac{P(1-E(\alpha))}{P(1-E(\alpha))-D(1-\beta E(\alpha))}}$$
$$\tag{3-52}$$

将最优值 t^* 代入到等式（3-46）中可得 Q^*。表 3-16 中列出了 t，Q，f，$I_{\max}$ 和 S 的最优值。

表3-16 MC/MP模式和MP模式下的最优值

变量	MC/MP模式 $(0<\alpha<1,\ \gamma>1)$	MP模式 $(\alpha=0,\ \gamma=1)$
t^*	$\dfrac{1}{1-E(\alpha)}\sqrt{\dfrac{2\gamma K}{HD(1-\beta E(\alpha))}}\sqrt{\dfrac{H+B}{B}}\sqrt{\dfrac{P(1-E(\alpha))}{P(1-E(\alpha))-D(1-\beta E(\alpha))}}$	$\sqrt{\dfrac{2K}{HD}}\sqrt{\dfrac{H+B}{B}}\sqrt{\dfrac{P}{P-D}}$
Q^*	$\sqrt{\dfrac{2\gamma KD(1-\beta E(\alpha))}{H}}\sqrt{\dfrac{H+B}{B}}\sqrt{\dfrac{P(1-E(\alpha))}{P(1-E(\alpha))-D(1-\beta E(\alpha))}}$	$\sqrt{\dfrac{2KD}{H}}\sqrt{\dfrac{H+B}{B}}\sqrt{\dfrac{P}{P-D}}$
f^*	$\sqrt{2\gamma KHD(1-\beta E(\alpha))}\sqrt{\dfrac{B}{H+B}}\sqrt{\dfrac{P(1-E(\alpha))-D(1-\beta E(\alpha))}{P(1-E(\alpha))}}$ $+\dfrac{C_1(1-E(\alpha))+C_2 E(\alpha)}{1-E(\alpha)}D(1-\beta E(\alpha))$	$\sqrt{2KHD}\sqrt{\dfrac{P-D}{P}}+C_1 D$
$I^*_{\max}$	$\sqrt{\dfrac{2\gamma KD(1-\beta E(\alpha))}{H}}\sqrt{\dfrac{B}{H+B}}\sqrt{\dfrac{P(1-E(\alpha))-D(1-\beta E(\alpha))}{P(1-E(\alpha))}}$	$\sqrt{\dfrac{2KD}{H}}\sqrt{\dfrac{B}{H+B}}\sqrt{\dfrac{P-D}{P}}$
S^*	$\sqrt{\dfrac{2\gamma KD(1-\beta E(\alpha))}{B}}\sqrt{\dfrac{H}{H+B}}\sqrt{\dfrac{P(1-E(\alpha))-D(1-\beta E(\alpha))}{P(1-E(\alpha))}}$	$\sqrt{\dfrac{2KD}{B}}\sqrt{\dfrac{H}{H+B}}\sqrt{\dfrac{P-D}{P}}$

推论 3.1 当 $E(\alpha)=0$，$\gamma=1$ 时，MC/MP 模式下的 EPQ 模型即是传统的 MP 模式下的 EPQ 模型。

用 t_{MP}，Q_{MP}，f_{MP}，$I_{\max-\mathrm{MP}}$ 和 S_{MP} 分别表示当生产率和需求率为 $P(1-E(\alpha))$ 和 $D(1-\beta E(\alpha))$ 时 MP 模式下的最优值，可以得到推论 3.2。

推论 3.2 两种情况下最优值的关系为

$$t^* = t_{\mathrm{MP}}, \quad I_{\max}^* = I_{\max-\mathrm{MP}}, \quad S^* = S_{\mathrm{MP}},$$

$$Q^* = \frac{1}{1-E(\alpha)}Q_{\mathrm{MP}}, \quad f^* = f_{\mathrm{MP}} + \frac{E(\alpha)}{1-E(\alpha)}C_2 D(1-\beta E(\alpha))$$

推论 3.1 和推论 3.2 可以从表 3-16 中得到。

推论 3.3 MC/MP 模式下的平均定制率应满足 $0 \leqslant E(\alpha) \leqslant \dfrac{P-D}{P-D\beta}$。

证明： 因为 MC 产品的需求必须满足，所以

$$Q(1-E(\alpha)) \geqslant D(1-\beta E(\alpha))\frac{Q(1-E(\alpha))}{P(1-E(\alpha))} \qquad (3-53)$$

简化不等式（3-53）即可证明该推论。

3.5.3 数值算例

为了比较 MC/MP 模式和 MP 模式下的最优值，在给出 MC/MP 模式数值结果的同时也给出了 MP 模式的数值结果。

这里，$H=1$，$B=5$，$K=20$，$P=200$，$D=120$，$\beta=0.2$，$\gamma=1.2$，$C_1=10$，$C_2=12$，所以，$0 \leqslant E(\alpha) \leqslant \dfrac{5}{11} \approx 0.454545$。数值结果见表 3-17 和图 3-7。

表 3-17 　　　　　　　　　　　数值结果

模式	$E(\alpha)$	最优值				
		t^*	Q^*	f^*	$I_{\max}^*$	S^*
MP	0	1	120	1300	40	8
MC/MP	0.05	1.14	142.24	1375.64	42.2	8.44
	0.1	1.19	155.32	1449.29	40.38	8.08
	0.15	1.25	171.56	1532.01	38.31	7.66
	0.2	1.34	192.43	1625.89	35.92	7.18

续表

模式	$E(\alpha)$	最优值				
		t^*	Q^*	f^*	I_{max}^*	S^*
MC/MP	0.25	1.45	220.54	1733.84	33.08	6.62
	0.3	1.62	261.24	1860.51	29.61	5.92
	0.35	1.91	327.86	2014.7	25.14	5.03
	0.4	2.55	469.89	2222.15	18.8	3.76
	0.45	8.52	1690.87	2939.13	5.64	1.13
	0.451	9.64	1916.07	3044.61	4.98	1
	0.454545	848.53	169705.57	79320.77	0.06	0.01

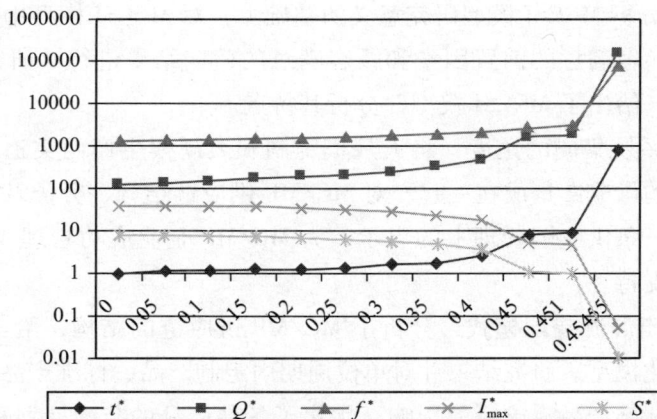

图 3 - 7 随着 $E(\alpha)$ 的变化最优值的变动情况

正如表 3 - 17 和图 3 - 7 所示，当定制产品平均定制率增加时，最优生产周期、最优经济生产批量和总费用将增加，但是最大库存水平和最大缺货水平的最优值都将先增后减。当平均定制率为 0.45 ~ 0.454545 时，最优值的变动非常剧烈，尤其在平均定制率的上界处（0.454545）。这表明当定制率接近平均定制率上界时，MC/MP 公司应该在不同的生产线或不同的部门来实施 MC 和 MP。

3.5.4　本节小结

在本节中，考虑到 MC 和 MP 并存的现实，对 MC/MP 模式的 EPQ 模型进行了研究。通过对数值算例进行分析，给出了当平均定制率变化时最优值的变动情况。为 MC/MP 公司成功实施 MC 和 MP 提供一定的参考价值。

3.6　本章小结

本章主要得出以下研究结果。

（1）在分析 MCCSI 模型研究意义的基础上，对 MCCSI 模型中的核心概念顾客满意、顾客满意的前置因素和顾客满意的后向结果进行了研究，提出 12 条相关假设，给出了 MCCSI 模型并分析其特点。

（2）从系统集成的角度，将大规模定制和大规模生产两类追求目标、类型都有差异的供应链集成在一起，对 MC/MP 供应链结构、分类及特性进行了研究，得出三条供应链管理上的启示，为 MC/MP 企业成功管理 MC/MP 供应链提供理论支持。

（3）基于混流装配模式，分析了 MC/MP 供应链的结构，给出了 MC/MP 供应链的优化模型。研究结果针对单位周期内定制产品、标准产品的需求以及定制产品对标准产品需求量的影响，优化了各种产品的装配计划和配送计划。通过算例验证了该模型的合理性和有效性。

（4）给出了一个 MC/MP 供应链多目标优化模型，目的是最小化该供应链的运作费用及 MC 供应链的反应时间。应用该多目标优化模型可以得到以下结果：基于 MC 供应链最短反应时间的 MC/MP 供应链的最小费用；标准零部件和定制零部件的供应计划；标准产品和定制产品的装配计划；标准产品和定制产品的配送计划。

（5）考虑到 MC 和 MP 并存的现实，对 MC/MP 模式的 EPQ 模型进行了研究。通过对数值算例进行分析，给出了当平均定制率变化时最优值的变动情况。为 MC/MP 公司成功实施 MC 和 MP 提供一定的参考价值。

第 4 章
T – dominated 供应链优化策略

基于前面章节介绍的顾客以旧换新和以旧换再行为以及 T – dominated 供应链结构和特点，本章将研究 T – dominated 供应链的优化问题，主要针对以旧换新，包括：参考效应对以旧换新的影响、以旧换新产品定价策略和以旧换新三阶段定价策略分析。

4.1　参考效应对以旧换新的影响

顾客在决定是否将自己的废旧汽车或家电进行以旧换新时，会参考多种因素，比如二手市场的销售价格、财政补贴金额、废旧产品交售价格等。本节在对各种参考因素进行分析的基础上，对相关参考因素的参考效应进行描述，进一步研究参考效应对以旧换新的影响机理，给出相应的以旧换新的促进措施[82]。

4.1.1　引言

目前，废旧汽车、家电"以旧换新"已成为人们生活中的热点话题。从顾客对废旧汽车和家电以旧换新的不同热情程度不难发现：顾客在进行以旧换新之前，首先考虑二手市场销售价格和财政补贴金额等因素。正是这种参考效应对以旧换新产生了影响。参考效应指人的选择和决策不是基于某一属性的绝对量，而是基于参考点的相对赢得和损失。在有关参考效应的研究中，Winer提出了基于参考价格的顾客选择模型，模型采用观察到的价格（实际价格）和参考价格作为影响顾客购买可能性的影响变量[83]。李荣喜建立了包含价格参考效应的顾客需求和产品定价模型，并给出了模型的解，探讨了价格参考效应对企业产品定价的影响和相关的建议[84]。Greenleaf、Kumar 和 Kopalle 对参考价格的影响机制和作用过程进行了研究[85-87]。马德民认为产品的市场需求量不仅与价格有关，而且还与价格的参考效应有关；废旧品的回收数量不仅与回收价格有关，而且还与回收价格的参考效应有关[88]。Kalyanaram 和 Winer研究发现：参考价格是顾客品牌选择时要考虑的因素；参考价格和过去价格都对顾客选择有影响，过去价格还是影响参考价格的重要因素[89]。本节将从分析顾客将废旧汽车、家电以旧换新时的参考因素入手，给出各种参考因素的参考效应（顾客相对得益率、财政补贴率、顾客得益率以及剩余效用率）的概念，深入探讨这些参考效应对以旧换新的影响机理，给出促进以旧换新的相关措施。

4.1.2　参考因素分析

顾客（包括废旧汽车车主、废旧家电货主）对废旧汽车、家电的处理方式及参考因素很多，本节将分别讨论顾客对废旧汽车和家电的处理方式及参考因素。

1. 顾客对废旧汽车的处理方式及参考因素

顾客（包括废旧汽车车主、废旧家电货主）对废旧汽车、家电的处理方式及参考因素如图 4-1 所示。处理方式包括：将废旧汽车家电在二手市场出售、将符合标准的废旧汽车家电以旧换新、到达服务期限的废旧汽车家电超龄使用、将废旧汽车家电闲置或当作废品出售给各类回收商。参考因素包括：二手市场销售价格；以旧换新时的财政补贴、交售价格和新产品购买价格及原始新产品购买价格；超龄使用的额外收益与潜在损失；在家闲置时的零收益与资金占用；当作废品出售时的出售价格与潜在损失。

参考因素

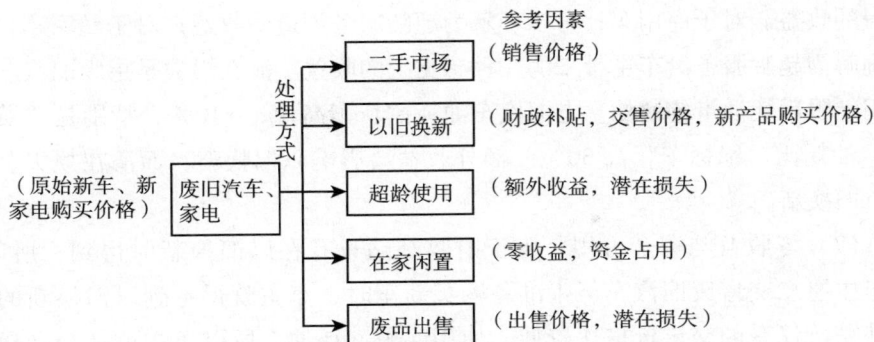

图4-1　顾客对废旧汽车家电的处理方式及参考因素

（1）二手市场销售价格。可用的废旧汽车进入二手市场，按照一定的流程，在车主和购买者之间形成买卖关系。车主的收益是其废旧汽车的销售价格，而该销售价格也是车主决定是否实施以旧换新的参考因素。

（2）财政补贴。在我国《促进扩大内需，鼓励汽车家电"以旧换新"实施方案》中明确规定，对符合一定使用年限要求的中、轻、微型货车和部分中型载客车，适度提前一定年限报废并换购新车的，给予补贴；对提前报废"黄标车"并换购新车的，给予补贴。废旧汽车以旧换新，车主可以得到财政补贴。

（3）交售价格。在进行废旧汽车以旧换新时，车主除得到相应的财政补贴外，还可以得到相应的交售价格。交售价格根据汽车拆解得到的零件总重量计算。按不同车型，在拆解后如果汽车零件的总重量达到1吨，即返给车主500～1000元。

（4）新车购买价格。车主在将废旧汽车进行以旧换新前，也会参考新车的购买价格。车主会将以旧换新得到的财政补贴和交售价格与新车购买价格相比较，并依据本身的收入水平等，决定是否以旧换新。

（5）原始新车购买价格。车主在实施以旧换新前，同样会考虑原始新车的购买价格。主要表现在：车主会根据原始新车的购买价格、规定的使用年限、已使用年限等估算废旧汽车的剩余效用。然后，将剩余效用与以旧换新所得的财政补贴和交售价格进行比较，决定是否以旧换新。

（6）额外收益与潜在损失。车主在进行以旧换新前会估算车的额外收益与潜在损失。额外收益是指废旧汽车到了规定的使用年限，但车主继续使用所获得的收益。对于商用车,可以理解为超龄服务创造的收益;对于私家车,可以理解为超龄服务给车主带来的一种感觉上的收益。潜在损失是指废旧汽车到使用年限后耗油量的增加。老旧汽车油耗比新车高 5% ~ 10%,特别是"黄标车"油耗比"绿标车"高 30% 。额外收益会影响以旧换新,而潜在损失会促进以旧换新。

(7)零收益与资金占用。由于财政补贴只有在以旧换新时得到,所以,当车主愿意交售废旧汽车但不准备购买新车时,车主就得不到以旧换新的财政补贴。仅有的交售价格比较低,使用起来又耗油,所以车主可能会选择既不交售也不使用,而将车闲置。但这种闲置影响到以旧换新,同时也多少占用了资金。

(8)出售价格与潜在损失。车主将废旧汽车作为废品卖给小商贩时(这种情况占少数),价格低廉,比交售价格要低很多,损失掉部分收益,但车主会觉得这种处理方式很方便。车主在进行以旧换新时,会比较方便程度与损失额度。

2. 顾客对废旧家电的处理方式及参考因素

(1)二手市场销售价格。与废旧汽车在二手市场销售价格不同的是,废旧家电在二手市场的销售价格比较低。正是这种较低的废旧家电二手市场销售价格激发了货主以旧换新的热情,对以旧换新起到了促进作用。

(2)财政补贴。在我国《促进扩大内需鼓励汽车家电"以旧换新"实施方案》中明确规定,废旧家电以旧换新补贴范围包括:电视机、电冰箱、洗衣机、空调和电脑 5 类家电产品。补贴标准不超过家电销售价格的 10%。货主将符合条件的废旧家电以旧换新就可以得到相应的财政补贴。

(3)交售价格。在进行废旧家电以旧换新时,货主除得到相应的财政补贴外,还可以得到相应的交售价格。交售价格根据具体情况给定,一般在几十元左右。

(4)新家电购买价格。由于新家电的购买价格相对于新汽车的购买价格低得多,顾客基本上可以承受。又由于废旧家电以旧换新时,货主得到的财政补贴和新家电销售价格成正比,所以,货主在进行以旧换新时,也会考虑新家电的购买价格。

(5)原始新家电购买价格。与车主一样,货主在实施以旧换新前,也会考虑原始新家电的购买价格。主要表现在:货主会根据原始新家电的购买价格、规定的使用年限、已使用年限等估算废旧家电的剩余效用。然后，将剩余效用与以旧换新所得的财政补贴和交售价格进行比较，决定是否以旧换新。

（6）额外收益与潜在损失。由于顾客对于新家电的购买价格一般可以承受，所以，当废旧家电到了规定的使用年限，货主不会或很少考虑其额外收益（可以认为是超龄使用获得的满足感），但其潜在损失会促进以旧换新。潜在损失是指废旧家电到使用年限后耗电量的增加。老旧家电电耗比新家电高20%～30%。

（7）零收益与资金占用。与废旧汽车一样，由于财政补贴只有在以旧换新时得到，所以，当货主愿意交售废旧家电但不准备购买新家电时，货主就得不到以旧换新的财政补贴。仅有的交售价格比较低，使用起来又耗电，所以货主可能会选择既不交售也不使用，而将家电闲置，但这种闲置影响到以旧换新，同时也多少占用了资金。

（8）出售价格与潜在损失。与车主不同的是，货主将废旧家电作为废品卖给小商贩的情况非常多，而且价格低廉，比交售价格要低，损失掉部分收益，但货主会觉得这种处理方式很方便。货主在进行以旧换新时，会比较方便程度与损失额度。

通过以上的分析不难发现，超龄使用的额外收益与潜在损失、在家闲置时的零收益与资金占用、当作废品出售时的出售价格与潜在损失都会对顾客以旧换新产生影响，但影响相对较小。因此，在以下的研究中，将三者综合为一个参数（$\bar{\omega}$）统一处理。顾客以旧换新的参考因素主要考虑：二手市场销售价格；以旧换新时的财政补贴、交售价格和新产品购买价格及原始新产品购买价格。

4.1.3　参考效应对以旧换新的影响

1. 参考效应描述

这里用顾客相对得益率、财政补贴率、顾客得益率，以及剩余效用率分别表示顾客对二手市场销售价格的参考效应、对财政补贴的参考效应、对财政补贴及交售价格的参考效应、对原始新产品购买价格的参考效应。

（1）顾客相对得益率。为了探讨二手市场销售价格对以旧换新的影响，引入顾客相对得益率的概念，用它表示对二手市场销售价格的参考效应。

相关符号如下：$S_汽$ 表示单位老旧汽车、黄标车提前报废并换购新车所获得的补贴；$p_{汽交售}$ 表示单位废旧汽车交售价格；$p_{汽二手}$ 表示单位废旧汽车在二手市场的销售价格；$p_{汽原购}$：单位废旧汽车当初作为新车销售时，顾客的购买价格；$r_{汽相得}$ 表示单位废旧汽车在二手市场销售时的相对得益率；$S_家$ 为单位废旧家电以旧换新所获得的补贴；$p_{家交售}$ 为单位废旧家电交售价格，该价格是按残值（在拆解后，剔除拆解处理成本后的旧家电材料价格）计算；$p_{家二手}$ 为单位废旧家电在二手市场的销售价格；$p_{家原购}$：单位废旧家电当初作为新家电销售时，顾客的购买价格；$r_{家相得}$ 为单位废旧家电在二手市场销售时的相对得益率。

定义 4.1 顾客相对得益率是指以旧换新的收益减去二手市场销售价格，所得的差与原始新产品购买价格之比。即

$$r_{汽相得} = \frac{S_汽 + p_{汽交售} - p_{汽二手}}{p_{汽原购}} \qquad (4-1)$$

$$r_{家相得} = \frac{S_家 + p_{家交售} - p_{家二手}}{p_{家原购}} \qquad (4-2)$$

对于废旧汽车来说，只有当 $r_{汽相得} \geq 0$ 即 $S_汽 + p_{汽交售} \geq p_{汽二手}$ 时，车主才愿意将自己的废旧汽车以旧换新；而当 $r_{汽相得} < 0$ 即 $S_汽 + p_{汽交售} < p_{汽二手}$ 时，车主更倾向于将自己的废旧汽车在二手市场销售。对于废旧家电来说也有同样的道理。

从目前的二手市场销售价格来看，$r_{汽相得} < 0$ 而 $r_{家相得} > 0$，所以，顾客对家电以旧换新的热情远大于对汽车以旧换新的热情。因此，要促进废旧汽车以旧换新，应该对汽车二手市场的销售价格进行规范。

（2）财政补贴率。财政补贴确实促进了废旧汽车、家电的以旧换新，但财政补贴的促进作用对于两者又有不同。为了探讨这种不同，引入以旧换新补贴率的概念，用它表示对财政补贴的参考效应。

用 $r_{汽补}$ 表示单位废旧汽车以旧换新获得的补贴率；$r_{家补}$ 为单位废旧家电以旧换新获得的补贴率。

定义 4.2 单位废旧汽车以旧换新的补贴率是财政补贴与该废旧汽车原新车购买价格之比；单位废旧家电以旧换新的补贴率是财政补贴与该废旧家电原新家电购买价格之比。即

$$r_{汽补} = \frac{S_汽}{p_{汽原购}} \qquad (4-3)$$

$$r_{家补} = \frac{S_家}{p_{家原购}}$$　　　　　　　　(4-4)

对于家电以旧换新财政补贴，是按新家电销售价格的10%给予。如果废旧汽车以旧换新也按照10%的补贴率，那么，很容易得出以下结果，见表4-1。

表4-1　　　　汽车以旧换新补贴金额、补贴率及原新车购价的关系　　　单位：元

补贴率	财政补贴调整前		财政补贴调整后	
	补贴金额	原新车购买价	补贴金额	原新车购买价
10%	6000	60000	18000	180000
	5000	50000	13000	130000
	4000	40000	9000	90000
	3000	30000	5000	50000

事实上，废旧汽车的原新车购买价格一般高于6万元，因此，补贴金额调整前，其补贴率低于10%，调整后的补贴率明显提高。以汽车以旧换新调整前后的最高补贴金额6000元和18000元为例，汽车原新车购买价格与补贴率之间的关系见表4-2。

表4-2　　　　　　汽车以旧换新原新车购价与补贴率的关系

财政补贴调整前			财政补贴调整后		
原新车购买价/元	补贴金额/元	补贴率/(%)	原新车购买价/元	补贴金额/元	补贴率/(%)
70000		9	190000		9.5
80000		8	200000		9.0
90000		7	250000		7.2
100000	6000	6	300000	18000	6.0
200000		3	350000		5.1
300000		2	400000		4.5
>300000		<2	>400000		<4.5

显然，对于废旧汽车车主来说，原新车购买价格越高，以旧换新对其吸引

力越小。财政补贴调整后，以旧换新的吸引力会增大。

这里的分析是针对废旧家电以旧换新的补贴率（10%）计算的。为了促进以旧换新，可以适当调整废旧汽车、家电的补贴率，在两者间找到一个相对平衡点。既可以提高废旧汽车以旧换新的补贴金额，也可以降低废旧家电以旧换新的补贴金额，或者两者同时进行。

（3）顾客得益率。以旧换新时，顾客收益包括两部分：财政补贴和交售价格。为了探讨顾客收益对以旧换新的影响，引入顾客得益率的概念，用它表示对财政补贴、交售价格的参考效应。

本节涉及的符号：$p_{汽新购}$表示单位新汽车的市场销售价格，该价格是顾客计算汽车以旧换新的得益率的依据；$r_{汽得}$表示单位废旧汽车以旧换新的得益率；$p_{家新购}$为单位新家电的市场销售价格，该价格是顾客计算家电以旧换新的得益率的依据；$r_{家得}$为单位废旧家电以旧换新的得益率。

定义 4.3 单位废旧汽车以旧换新的得益率是其所得收益（财政补贴与交售价格之和）与单位新汽车的市场购买价格之比；单位废旧家电以旧换新的得益率是其所得收益（财政补贴与交售价格之和）与单位新家电的市场购买价格之比。即

$$r_{汽得} = \frac{S_{汽} + p_{汽交售}}{p_{汽新购}} \qquad (4-5)$$

$$r_{家得} = \frac{S_{家} + p_{家交售}}{p_{家新购}} \qquad (4-6)$$

废旧汽车交售价格 $p_{汽交售}$ 的范围是 500～1000 元，而废旧家电交售价格一般为几十元。在财政补贴金额确定的情况下，交售价格的高低将对顾客得益率产生重要的影响。因此，交售价格在以旧换新过程中不容忽视，而交售价格的提高是与拆解后的利润相关的，可以通过制定废旧产品拆解再利用的利润分享机制提高交售价格。

（4）废旧产品剩余效用率。以旧换新时，顾客会考虑废旧产品原始新产品购买价格及使用年限、剩余效用等。为此，引入剩余效用率的概念，用它表示对原始新产品购买价格的参考效应。

本节涉及的符号：$T_{汽年限}$表示新汽车规定服务年限；$T_{家年限}$为新家电规定服务年限；$T_{汽已用}$表示新汽车购买后已服务年限；$T_{家已用}$为新家电购买后已服务年限；$R_{汽年均}$表示按规定的服务年限，新汽车每年的平均收益，可理解为汽车在使用过程中创造的利润；$R_{家年均}$为按规定的服务年限，新家电每年的平均收益，

可理解为家电在使用过程中带给顾客的满足；$r_{汽剩余}$ 表示单位废旧汽车的剩余效用率；$r_{家剩余}$ 为单位废旧家电的剩余效用率。

定义 4.4　单位废旧汽车的剩余效用率是指废旧汽车的剩余效用与总效用之比；单位废旧家电的剩余效用率是指废旧家电的剩余效用与总效用之比。即

$$r_{汽剩余} = (T_{汽年限} - T_{汽已用}) * \frac{R_{汽年均} - \dfrac{p_{汽原购}}{T_{汽年限}}}{R_{汽年均} * T_{汽年限}} \tag{4-7}$$

$$r_{家剩余} = (T_{家年限} - T_{家已用}) * \frac{R_{家年均} - \dfrac{p_{家原购}}{T_{家年限}}}{R_{家年均} * T_{家年限}} \tag{4-8}$$

由等式（4-7）和（4-8）容易发现：单位废旧产品的剩余效用率越低，顾客越倾向于以旧换新。

2. 参考效应对以旧换新的影响分析

用顾客以旧换新的概率来描述参考效应对以旧换新的影响，顾客以旧换新的概率越大，顾客越倾向于以旧换新。

相关符号：$\omega_{车主}$ 表示废旧汽车车主将汽车以旧换新的概率；$\omega_{汽0}$ 表示车主在不参考任何因素时的以旧换新概率；$\overline{\omega}_{汽}$ 表示车主在综合参考超龄使用的额外收益与潜在损失、在家闲置时的零收益与资金占用、当作废品出售时的出售价格与潜在损失时，以旧换新的概率；$\omega_{货主}$ 为废旧家电货主将家电以旧换新的概率；$\omega_{家0}$ 为货主在不参考任何因素时的以旧换新概率；$\overline{\omega}_{家}$ 表示货主在综合参考超龄使用的额外收益与潜在损失、在家闲置时的零收益与资金占用、当作废品出售时的出售价格与潜在损失时，以旧换新的概率。

于是，依据前面的分析，可得以下结论。

结论 4.1　顾客以旧换新的概率

$$\omega_{车主} = \omega_{汽0} + \omega_{汽相得} * r_{汽相得} + \omega_{汽补} * r_{汽补} + \omega_{汽得} *$$
$$r_{汽得} - \omega_{汽剩余} * r_{汽剩余} + \overline{\omega}_{汽} \tag{4-9}$$

$$\omega_{货主} = \omega_{家0} + \omega_{家相得} * r_{家相得} + \omega_{家补} * r_{家补} + \omega_{家得} * r_{家得} -$$
$$\omega_{家剩余} * r_{家剩余} + \overline{\omega}_{家} \tag{4-10}$$

其中，$0 \leqslant \omega_{汽0}$，$\omega_{汽相得}$，$\omega_{汽补}$，$\omega_{汽得}$，$\omega_{汽剩余}$，$\overline{\omega}_{汽} < 1$，$\omega_{汽0} + \omega_{汽相得} + \omega_{汽补} + \omega_{汽得} + \omega_{汽剩余} + \overline{\omega}_{汽} = 1$；$0 \leqslant \omega_{家0}$，$\omega_{家相得}$，$\omega_{家补}$，$\omega_{家得}$，$\omega_{家剩余}$，$\overline{\omega}_{家} < 1$，$\omega_{家0} + \omega_{家相得} + \omega_{家补} + \omega_{家得} + \omega_{家剩余} + \overline{\omega}_{家} = 1$。

结论 4.1 说明：顾客以旧换新的概率与顾客相对得益率、补贴率、得益率

成正比，而与剩余效用率成反比。因此，促进以旧换新需要采取以下措施：降低或规范废旧汽车二手市场的销售价格；提高废旧汽车的补贴率或降低废旧家电的补贴率，或者两者同时进行；根据废旧产品拆解处理后的利润情况，适当提高废旧产品交售价格，让顾客分享废旧产品拆解后的利润。

4.1.4　本节小结

影响废旧汽车、家电以旧换新的参考因素包括：二手市场的销售价格、财政补贴金额及废旧产品交售价格等。在对各种参考因素进行分析的基础上，研究了参考效应对以旧换新的影响机理。结果表明：促进以旧换新的措施，一是应对二手市场的销售价格进行规范；二是应提高废旧汽车的财政补贴金额或降低废旧家电的补贴金额，或者二者同时进行；三是制定废旧汽车、家电拆解再利用的利益共享机制，提高废旧产品交售价格。

4.2　以旧换新产品定价策略

4.2.1　引言

对于废旧汽车、废旧家电以旧换新，我国政府从 2009 年 6 月 1 日开始为其提供财政补贴，直到 2010 年 5 月 31 日截止。也就是说，2010 年 5 月 31 日后，制造商必须面对一个问题：如果政府停止提供财政补贴，是否继续废旧家电以旧换新？如果继续开展废旧家电以旧换新，制造商需要将补贴通过支付方式付款给以旧换新的顾客。在这种情况下，制造商的潜在风险是：新产品的单位成本将会增加。如何控制风险也是一个重要的问题。

关于以旧换新，Saibal 等研究了耐用可再制造产品的最优定价/折扣策略。他们给出的模型可以帮助决策者为新顾客制定最优价格、为以旧换新的顾客制定最优以旧换新折扣价格[90]。Fudenberg 和 Tirole 以及 Levinthal 和 Purohit 研究了连续几代产品的垄断定价和/或生产政策有关的问题。他们的研究基于两阶段框架，在第二阶段，决策者需要为重复购买的顾客提供升级产品的折扣价格或回购一些旧模块[91][92]。Fei 对制造商实施的以旧换新策略和政府实施的以旧换新补贴进行分析比较，研究发现政府的政策更有利于扩大家电消费需求[93]。文献［94-96］探讨顾客个人如何依据现有产品和新产品效用的心理账户来作出是否以旧换新的决策。对于成本分担，Wei 给出了将部分投资成本在部门间分配的分配机制[97]。Toktay 和 Wei 假设制造和再制造由两个独立的部门实施，新产品和再制造产品给销售到没有交集的不同的消费区域。他们提出了一种使分散系统实现最优的机制，在这个分散系统中，两个独立的决策者分别负责制造和再制造两个过程。该机制是将产品的初始生产成本分配给产品生命周期的两个阶段中的每一阶段的成本分配机制[98]。在文献［98］中，作者主要考虑新产品和再制造产品。在文献［99］中，Gu 和 Gao 分析了升级产品的投资风险，给出了通过两阶段投资成本分配来控制投资分线的控制策略，两阶段即制造阶段和再制造阶段。基于该策略，给出了升级产品销售和废旧产品回收的定价策略、升级产品的需求和废旧产品的供应以及两阶段各自的利润。同时，为了保证总利润的增加，研究给出了合理的投资成本分配比例。

本节将给出两种情况下制造商和零售商的价格决策：情况一，政府提供财政补贴，补贴和零售价格有关；情况二，政府将停止提供财政补贴，制造商与零售商将分担支付。同时，本节还将通过一个数值算例分析补贴率和支付分担比率对优化结果的影响[100]。

4.2.2　假设和符号

为便于分析，给出以下假设。

假设1：每个周期，制造商生产新产品的单位制造成本是相同的，零售商销售每个新产品的单位运营费用也相同。

假设2：制造商作为 Stackelberg 博弈的领导者。

假设3：制造商应支付给以旧换新的顾客费用，该费用和政府补贴相当。

本节用到以下相关符号。

（1）变量。

p_{1m}，p_{2m}：依次为情况一和情况二下的新产品单位批发价格。

p_{1r}，p_{2r}：依次为情况一和情况二下新产品单位零售价格。

（2）费用。

c_m：在每种情况中新产品单位制造成本。

c_r：在每种情况中零售商销售每个新产品的单位运营成本。

（3）参数。

$D_1(p_{1r})$：情况一中新产品的需求，$D_1(p_{1r}) = \phi - \beta p_{1r} + \omega s$，是零售价格的减函数，财政补贴 s 的增函数。财政补贴 s 依赖于零售价格，$s = \alpha p_{1r}$，$0 \leq \alpha < 1$，α 是补贴率。ω 是指顾客对财政补贴的敏感系数（或情况二中的支付）。ϕ 和 β 是大于零的参数，且 $\phi > \beta c_m$。ϕ 表示原产品的潜在市场，β 是指最终客户对零售价格的敏感系数。

$D_2(p_{2r})$：第二种情况中新产品的需求，$D_2(p_{2r}) = \phi - \beta p_{2r} + \omega s_1$，是零售价格的减函数，支付 s_1 的增函数，$s_1 = \alpha p_{2r}$，取决于零售价格。

γ：第二种情况中制造商对支付的分担比例。

$\prod_{1m}$，$\prod_{2m}$：情况一和情况二中制造商总利润。

$\prod_{1r}$，$\prod_{2r}$：情况一和情况二中零售商总利润。

4.2.3 定价决策

1. 情况一的定价决策

在情况一中，制造商的问题是通过决策产品批发价格来最大化自己的利润，零售商的问题是通过决策产品零售价格来最大化自己的利润。他们的问题如式（4-11）和（4-12）。

$$\max_{p_{1m}} \prod_{1m} = (p_{1m} - c_m)(\phi - \beta p_{1r} + \omega \alpha p_{1r}) \qquad (4-11)$$

$$\max_{p_{1r}} \prod_{1r} = (p_{1r} - c_r - p_{1m})(\phi - \beta p_{1r} + \omega \alpha p_{1r}) \qquad (4-12)$$

式中，$\beta - \omega \alpha$ 不能为 0。

依据假设 2，容易得出情况一的最优批发价格和零售价格分别为

$$p_{1m}^* = \frac{\phi + (\beta - \omega\alpha)(c_m - c_r)}{2(\beta - \omega\alpha)} \qquad (4-13)$$

$$p_{1r}^* = \frac{3\phi + (\beta - \omega\alpha)(c_m + c_r)}{4(\beta - \omega\alpha)} \qquad (4-14)$$

而且，通过在 $\prod_{1m}$，$\prod_{1r}$ 和 D_1 中用 p_{1m}^* 与 p_{1r}^* 代替 p_{1m} 与 p_{1r} 可以得到

$\prod_{1m}^{*}$，$\prod_{1r}^{*}$ 和 D_1^{*}

$$\prod_{1m}^{*} = \frac{\left[\phi - (\beta - \omega\alpha)(c_m + c_r)\right]^2}{8(\beta - \omega\alpha)} \qquad (4-15)$$

$$\prod_{1r}^{*} = \frac{\left[\phi - (\beta - \omega\alpha)(c_m + c_r)\right]^2}{16(\beta - \omega\alpha)} \qquad (4-16)$$

$$D_1^{*} = \frac{\phi - (\beta - \omega\alpha)(c_m + c_r)}{4} \qquad (4-17)$$

从式（4-13）～（4-17），可直接得到以下结论。

结论4.2　在情况一中，①如果 $\alpha < \dfrac{\beta}{\omega}$，那么 $p_{1m}^{*} > 0$，$p_{1r}^{*} > 0$，$D_1^{*} > 0$，$\prod_{1m}^{*} > 0$，$\prod_{1r}^{*} > 0$。②如果 $\alpha > \dfrac{\beta}{\omega}$，那么 $p_{1m}^{*} < 0$，$p_{1r}^{*} < 0$，$\prod_{1m}^{*} < 0$，$\prod_{1r}^{*} < 0$，但 $D_1^{*} > 0$。

2. 情况二的定价决策

在情况二中作定价决策时，制造商在其利润函数中减去所分担的支付，零售商也在其利润函数中减去所分担的支付，即

$$\max_{p2m}\prod_{2m} = (p_{2m} - c_m - \gamma\alpha p_{2r})(\phi - \beta p_{2r} + \omega\alpha p_{2r}) \qquad (4-18)$$

$$\max_{p2r}\prod_{2r} = (p_{2r} - c_r - p_{2m} - (1-\gamma)\alpha p_{2r})(\phi - \beta p_{2r} + \omega\alpha p_{2r}) \qquad (4-19)$$

应用和情况一同样的方法，可以依次得到情况二的最优批发价格和零售价格分别为

$$p_{2m}^{*} = \frac{2\Delta^2\phi + (\beta - \omega\alpha)(c_m - 2(\Delta - \gamma\alpha)c_r)}{2(2\Delta - \gamma\alpha)(\beta - \omega\alpha)} \qquad (4-20)$$

$$p_{2r}^{*} = \frac{(6\Delta - \gamma\alpha)\Delta\phi + (\beta - \omega\alpha)(c_m + 2\Delta c_r)}{4\Delta(2\Delta - \gamma\alpha)(\beta - \omega\alpha)} \qquad (4-21)$$

式中，$\Delta = 1 - (1-\gamma)\alpha$。

从上面的等式，容易得出结论4.3和结论4.4。

结论4.3　在情况二中，当 α 固定，p_{2m}^{*} 和 p_{2r}^{*} 随着 γ 的减少而减少，而 D_2^{*}，$\prod_{2m}^{*}$ 和 $\prod_{2r}^{*}$ 随着 γ 的减少而增加。

结论4.4　在情况二中，当 γ 固定时，①如果 $\alpha < \dfrac{\beta}{\omega}$，那么 $p_{2m}^{*} > 0$，$p_{2r}^{*} > 0$，$D_2^{*} > 0$，$\prod_{2m}^{*} > 0$，$\prod_{2r}^{*} > 0$。②如果 $\alpha > \dfrac{\beta}{\omega}$，那么 $p_{2m}^{*} < 0$，$p_{2r}^{*} < 0$，$\prod_{2m}^{*} < 0$，

$\prod_{2r}^{*} < 0$，但是$D_2^{*} > 0$。

4.2.4 数值分析

本节将通过数值算例给出最优结果的数值分析。这里$\phi = 10000$，$\beta = 2$，$c_m = 100$，$c_r = 20$，$\omega = 3$。

1. α 对情况一最优结果的影响

如果补贴取决于零售价格，那么补贴率α将会影响价格决策和利润。图4-2、图4-3和图4-4显示了随着α的变化，批发价格、零售价格、新产品的需求、制造商利润和零售商利润的变化情况。

从图4-2~图4-4中可以发现，当$\alpha < \dfrac{\beta}{\omega}$即$\alpha < \dfrac{2}{3}$时，批发价格、零售价格、制造商的利润和零售商的利润都大于0；当$\alpha > \dfrac{2}{3}$时，批发价格、零售价格、制造商的利润和零售商的利润都小于0；新产品的需求随着α的增加而增加。

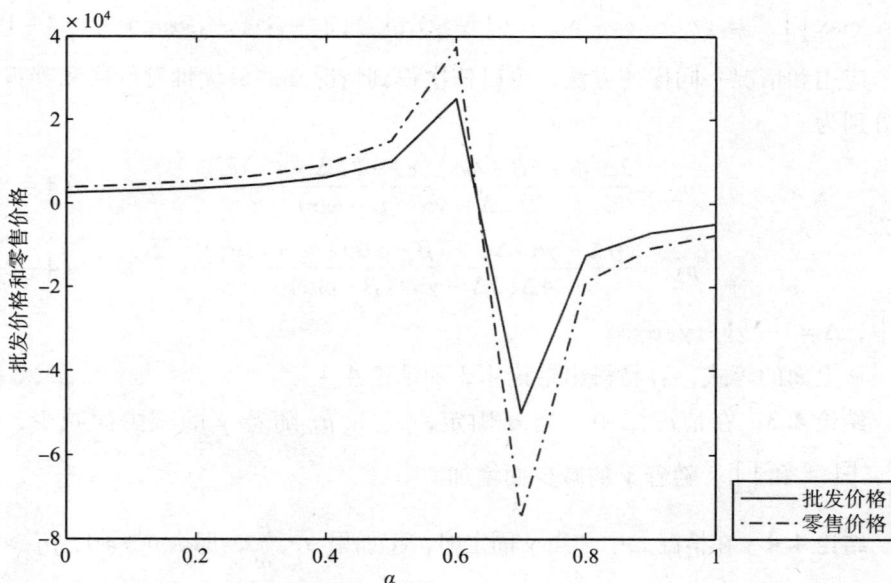

图4-2 批发价格和零售价格随α的变化（情况一）

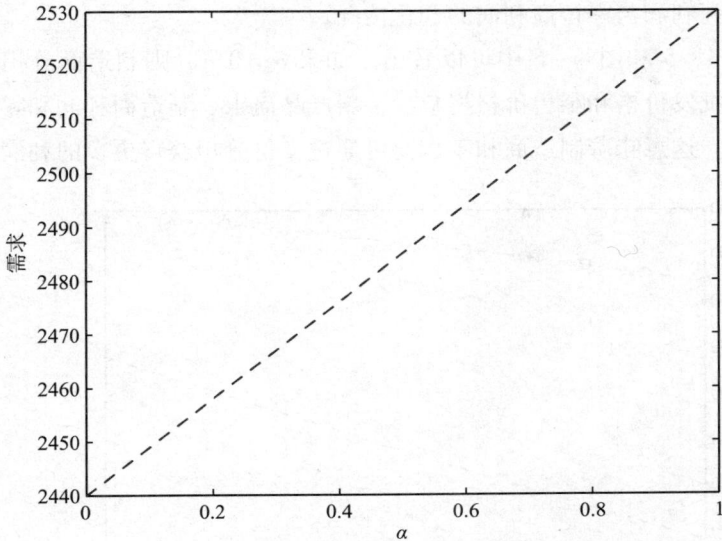

图 4-3　新产品需求随 α 的变化（情况一）

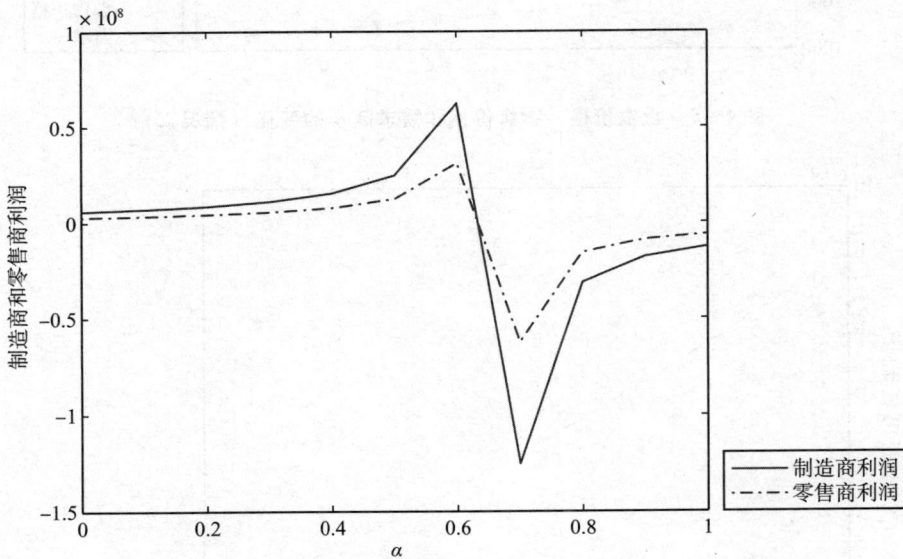

图 4-4　制造商和零售商利润随 α 的变化（情况一）

2. γ 对情况二最优结果的影响

这里 $\alpha = 0.4$。在这种情况下，支付的分担比例 γ 将会影响价格决策和利润。图 4-5 和图 4-6 显示随着 γ 的变化批发价格、零售价格、新产品的需求、制造商利润与零售商利润的变化情况。

从图 4-5 和图 4-6 中可以看出，如果 $\alpha = 0.4$，则制造商分担支付的比例减少，批发价格和零售价格将减少，新产品需求、制造商利润和零售商利润将会增加。这意味着制造商和零售商可通过支付分担获得更多的利润。

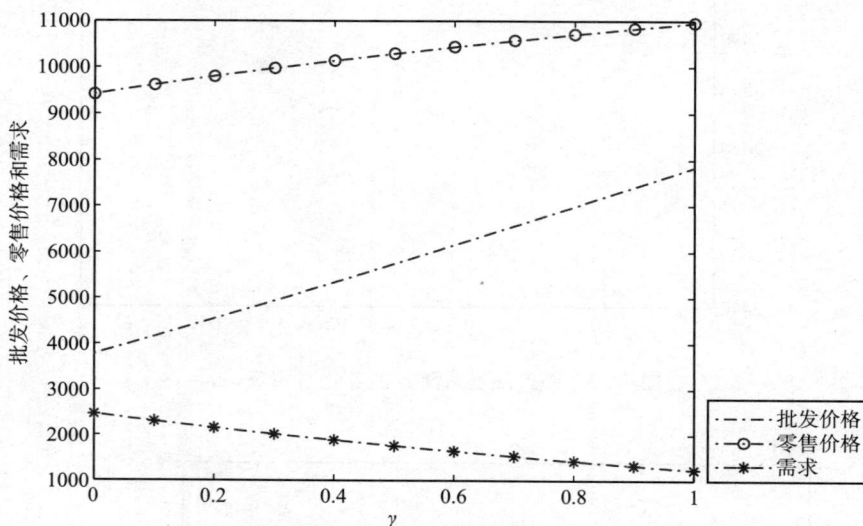

图 4-5 批发价格、零售价格和需求随 γ 的变化（情况二）

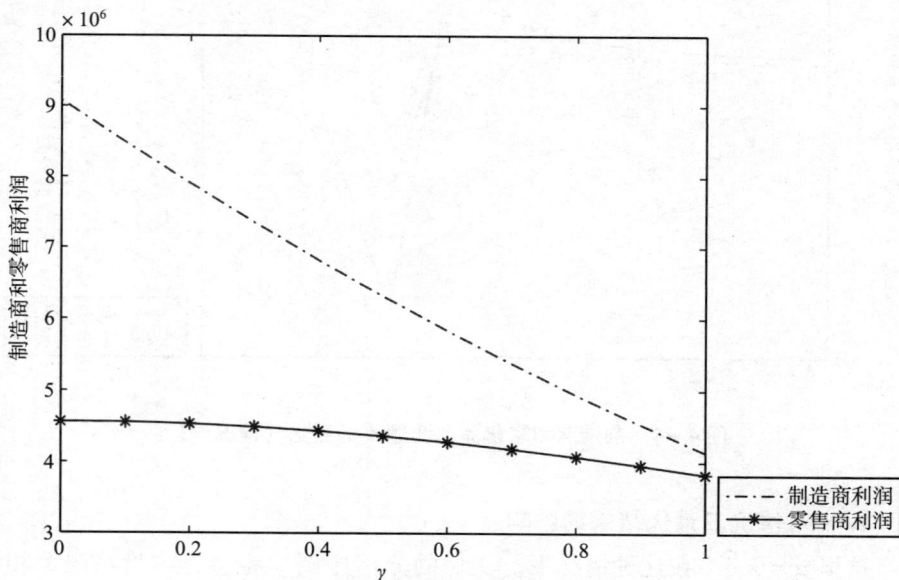

图 4-6 制造商和零售商利润随 γ 的变化（情况二）

3. 两种情况最优结果的比较

为了比较两种情况的优化结果，假设 γ 是固定的，$\gamma = 0.5$。图 4-7 和图 4-8 显示了两种情况下的优化结果。

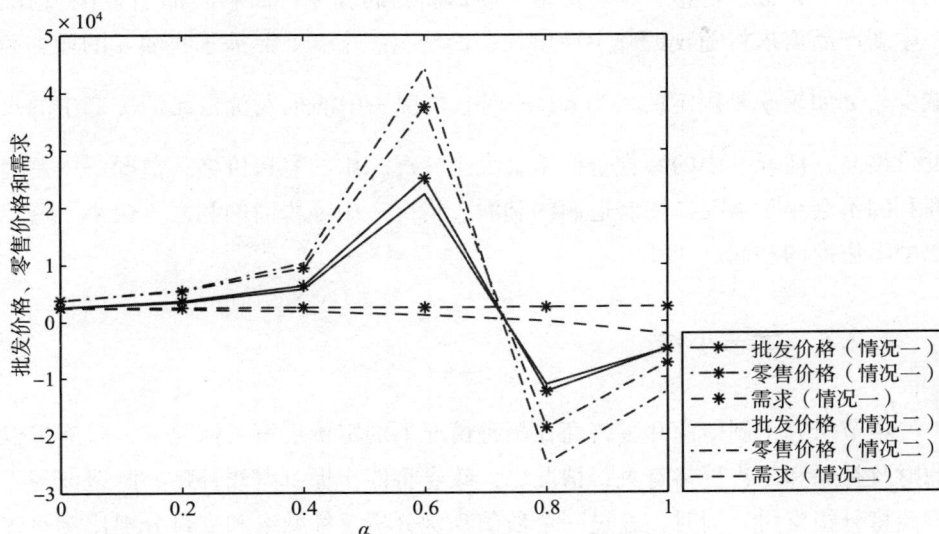

图 4-7　两种情况下批发价格、零售价格和需求随 α 的变化

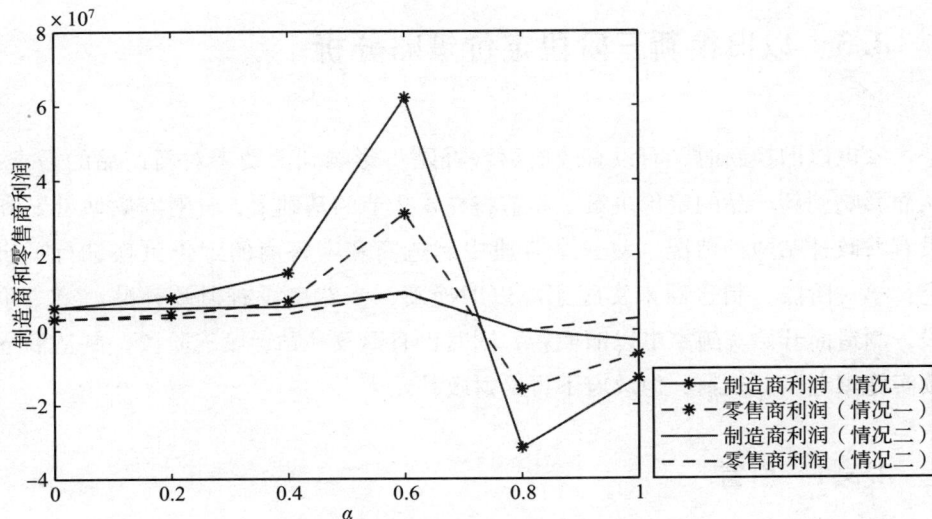

图 4-8　两种情况下制造商和零售商利润随 α 的变化

图 4 - 7 和图 4 - 8 表明：①如果 γ 固定，当 $\alpha < \dfrac{\beta}{\omega}$，即 $\alpha < \dfrac{2}{3}$ 时，两种情况下，批发价格、零售价格、制造商利润和零售商利润都大于 0；当 $\alpha > \dfrac{2}{3}$ 时，两种情况下，批发价格、零售价格、制造商利润和零售商利润都小于 0；情况一中新产品需求将随 α 的减少而增加，而情况二中新产品需求将随 α 的增加而减少。②如果 γ 是固定的，当 $\alpha < \dfrac{2}{3}$ 时，情况一中的批发价格比情况二中的批发价格高；情况一中的零售价格不会大于情况二中的零售价格；情况一中制造商利润不会小于情况二中制造商的利润；情况一中零售商的利润不会小于情况二中零售商的利润。

4.2.5　本节小结

本节研究了制造商和零售商在两种情况下的定价决策：情况一，政府提供的财政补贴和零售价格有关；情况二，政府将停止提供财政补贴，制造商与零售商将分担支付。同时，通过一个数值算例分析了补贴率和支付分担比例对优化结果的影响。

4.3　以旧换新三阶段定价策略分析

家电以旧换新时，有没有政府财政补贴将影响到消费者对新产品的需求，从而影响到新产品的定价决策。本节将在 4.2 节的基础上，针对有财政补贴和没有财政补贴两种情况，对三个阶段中制造商和零售商的定价策略进行了研究：第一阶段，制造商未实施家电以旧换新，当然也没有财政补贴；第二阶段，制造商开始实施家电以旧换新，同时也有财政补贴；第三阶段，制造商继续实施家电以旧换新，但政府不再给财政补贴[101]。

4.3.1　引言

正如 4.2 节所述，为了鼓励顾客消费和控制污染，我国政府决定从 2009

年 6 月 1 日到 2010 年 5 月 31 日期间，为废旧汽车、废旧家电以旧换新提供财政补贴。有了政府财政补贴，顾客对废旧家电以旧换新热情很高，这使得新产品需求量增加，制造商获得了更多的利润。关于以旧换新政策的实施，孔令锋和姚从容针对家电以旧换新政策实施前后废弃家电回收处理进行了调查[102]。Gu 和 Gao 应用系统动力学方法，基于三种情景分析了政府和企业在以旧换新中的行为，研究发现：如果企业能够从实施以旧换新中获得利润，则所有企业将选择实施以旧换新，无论有没有财政补贴；如果企业不能从以旧换新中获得利润，所有的企业将选择放弃以旧换新，即使有财政补贴；如果企业能从以旧换新中获得利润，政府可以选择停止提供财政补贴[103]。

因为财政补贴持续到 2010 年 5 月 31 日，制造商必须面对以下问题：如果政府停止提供财政补贴，是否继续开展废旧家电以旧换新？如果继续开展，制造商应支付相关费用给进行以旧换新的顾客。在这种情况下，如何制定价格决策？影响废旧家电以旧换新的关键因素是什么？

针对这些问题，基于有无以旧换新和财政补贴，即无以旧换新无财政补贴、有以旧换新有财政补贴、有以旧换新无财政补贴三个阶段，本节将进一步给出制造商和零售商三个阶段的价格决策。

4.3.2　假设和符号

在第一阶段，制造商生产新产品、零售商将新产品销售到消费市场。该阶段没有废旧产品以旧换新，也没有政府财政补贴。在第二阶段，制造商生产新产品、零售商将新产品销售到消费市场，政府提供财政补贴刺激顾客消费意愿。在第三阶段，制造商生产新产品、零售商将新产品销售到消费市场，制造商继续开展以旧换新但没有政府财政补贴。

本节的研究使用和 4.2 节同样的假设。本节用到以下相关符号。

（1）变量。

p_{1m}，p_{2m}，p_{3m}：依次为第一阶段、第二阶段和第三阶段新产品单位批发价格。

p_{1r}，p_{2r}，p_{3r}：依次为第一阶段、第二阶段和第三阶段新产品单位零售价格。

（2）费用。

c_m：每个周期新产品的单位制造费用。

c_r：每个周期零售商销售一个新产品的单位运营费用。

（3）参数。

$D_1(p_{1r})$：第一阶段新产品的需求，它是零售价格的递减函数，$D_1(p_{1r}) = \phi - \beta p_{1r}$，其中 ϕ 和 β 是正数，且 $\phi > \beta c_m$。ϕ 表示新产品的潜在市场，β 为最终客户对新产品零售价格的敏感系数。

$D_2(p_{2r})$：在第二阶段新产品的需求。$D_2(p_{2r}) = \phi - \beta p_{2r} + \omega s$，是零售价格的递减函数、财政补贴 s 的递增函数，ω 为顾客对财政补贴（或用于第三阶段的付款）的敏感系数。

$D_3(p_{3r})$：在第三阶段新产品的需求。$D_3(p_{3r}) = \phi - \beta p_{3r} + \omega s_1$，是零售价格的递减函数、制造商支付 s_1 的递增函数。

$\prod_{1M}$，$\prod_{2M}$，$\prod_{3M}$：第一阶段、第二阶段和第三阶段中制造商的总利润。

$\prod_{1R}$，$\prod_{2R}$，$\prod_{3R}$：第一阶段、第二阶段和第三阶段零售商的总利润。

4.3.3　定价决策

1. 第一阶段定价决策

在该阶段，制造商生产新产品，零售商在市场上销售新产品。

制造商的问题是通过对批发价格的决策来使自己利润最大化，即

$$\max_{p_{1m}} \prod_{1M} = (p_{1m} - c_m)(\phi - \beta p_{1r}) \tag{4-22}$$

零售商的问题是决策零售价格使自己的利润最大化，即

$$\max_{p_{1r}} \prod_{1R} = (p_{1r} - c_r - p_{1m})(\phi - \beta p_{1r}) \tag{4-23}$$

依据假设 2，很容易得到第一阶段的最优批发价格和零售价格分别为

$$p_{1m}^* = \frac{\phi + \beta(c_m - c_r)}{2\beta} \tag{4-24}$$

$$p_{1r}^* = \frac{3\phi + \beta(c_m + c_r)}{4\beta} \tag{4-25}$$

在 D_1，$\prod_{1M}$ 和 $\prod_{1R}$ 中用 p_{1m}^* 和 p_{1r}^* 代替 p_{1m} 和 p_{1r} 可以得到 D_1^*，$\prod_{1M}^*$ 和 $\prod_{1R}^*$

$$D_1^* = \frac{\phi - \beta(c_m + c_r)}{4} \tag{4-26}$$

$$\prod_{1M}^* = \frac{[\phi - \beta(c_m + c_r)]^2}{8\beta} \tag{4-27}$$

$$\prod_{1R}^* = \frac{[\phi - \beta(c_m + c_r)]^2}{16\beta} \tag{4-28}$$

在下一个阶段，由于政府对废旧产品以旧换新的财政补贴，新产品需求将增加。此时，如何调整批发价格、零售价格和生产计划非常重要。

2. 第二阶段定价决策

和第一阶段一样，在第二阶段，制造商生产新产品、零售商销售新产品到消费市场。关键区别是两阶段新产品的需求。在第二阶段，政府补贴刺激顾客的消费意愿，新产品需求会增加。

因此，制造商应该对批发价格进行决策，即调整批发价格

$$\max_{p2m} \prod_{2M} = (p_{2m} - c_m)(\phi - \beta p_{2r} + \omega s) \tag{4-29}$$

零售商应依据式（4-30）制定其零售价格，即

$$\max_{p2r} \prod_{2R} = (p_{2r} - c_r - p_{2m})(\phi - \beta p_{2r} + \omega s) \tag{4-30}$$

应用和第一阶段同样的方法，可以依次得到第二阶段最优批发价格、零售价格、新产品需求、制造商的利润和零售商的利润分别为

$$p_{2m}^* = \frac{\phi + \omega s + \beta(c_m - c_r)}{2\beta} \tag{4-31}$$

$$p_{2r}^* = \frac{3(\phi + \omega s) + \beta(c_m + c_r)}{4\beta} \tag{4-32}$$

$$D_2^* = \frac{\phi + \omega s - \beta(c_m + c_r)}{4} \tag{4-33}$$

$$\prod_{2M}^* = \frac{[\phi + \omega s - \beta(c_m + c_r)]^2}{8\beta} \tag{4-34}$$

$$\prod_{2R}^* = \frac{[\phi + \omega s - \beta(c_m + c_r)]^2}{16\beta} \tag{4-35}$$

将第一阶段和第二阶段优化结果进行比较，可以得到以下结论。

结论 4.5 第一阶段和第二阶段批发价格、零售价格、新产品需求、制造商利润和零售商利润的最优值满足关系：$p_{2m}^* \geq p_{1m}^*$；$p_{2r}^* \geq p_{1r}^*$；$D_2^* \geq D_1^*$；$\prod_{2M}^* \geq \prod_{1M}^*$；$\prod_{2R}^* \geq \prod_{1R}^*$。

一般情况下，当新产品价格降低时，需求量将增加。然而，结论 4.5 显示新产品需求增加了而批发价格和零售价格没有降低，关键原因是政府补贴。

3. 第三阶段定价决策

在这一阶段，制造商生产新产品、零售商出售新产品到消费市场。但是，政府已停止提供废旧产品以旧换新的财政补贴，这会影响顾客的消费意愿。为了维护市场的需求，制造商决定付给以旧换新的顾客一定的费用，当然，付款不能高于原来的财政补贴。

在对批发价格进行决策时，制造商应在利润函数中减去支付部分，即

$$\max_{p_{3m}} \prod {}_{3M} = (p_{3m} - c_m - s_1)(\phi - \beta p_{3r} + \omega s_1) \tag{4-36}$$

零售商的问题是依据式（4-37）制定零售价格来最大化自己的利润，即

$$\max_{p_{3r}} \prod {}_{3R} = (p_{3r} - c_r - p_{3m})(\phi - \beta p_{3r} + \omega s_1) \tag{4-37}$$

使用相同的方法，得到第三阶段最优的批发价格、零售价格、新产品的需求、制造商的利润和零售商的利润分别为

$$p_{3m}^* = \frac{\phi + \omega s_1 + \beta(c_m + s_1 - c_r)}{2\beta} \tag{4-38}$$

$$p_{3r}^* = \frac{3(\phi + \omega s_1) + \beta(c_m + s_1 + c_r)}{4\beta} \tag{4-39}$$

$$D_3^* = \frac{\phi + \omega s_1 - \beta(c_m + s_1 + c_r)}{4} \tag{4-40}$$

$$\prod {}_{3M}^* = \frac{[\phi + \omega s_1 - \beta(c_m + s_1 + c_r)]^2}{8\beta} \tag{4-41}$$

$$\prod {}_{3R}^* = \frac{[\phi + \omega s_1 - \beta(c_m + s_1 + c_r)]^2}{16\beta} \tag{4-42}$$

从上述各个阶段最优结果中，可以得到以下结论。

结论 4.6 如果 $s = s_1 = 0$，那么第二阶段和第三阶段的优化结果与第一阶段的优化结果相同。

结论 4.7 如果 $s = s_1 \neq 0$，那么，

（1）当 $\omega < \beta$ 时，$p_{3m}^* > p_{2m}^* > p_{1m}^*$，$p_{3r}^* > p_{2r}^* > p_{1r}^*$，$D_3^* < D_1^* < D_2^*$，$\prod {}_{3M}^* < \prod {}_{1M}^* < \prod {}_{2M}^*$，$\prod {}_{3R}^* < \prod {}_{1R}^* < \prod {}_{2R}^*$。

（2）当 $\omega = \beta$ 时，$p_{3m}^* > p_{2m}^* > p_{1m}^*$，$p_{3r}^* > p_{2r}^* > p_{1r}^*$，$D_1^* = D_3^* < D_2^*$，$\prod {}_{1M}^* = \prod {}_{3M}^* < \prod {}_{2M}^*$，$\prod {}_{1R}^* = \prod {}_{3R}^* < \prod {}_{2R}^*$。

（3）当 $\omega > \beta$ 时，$p_{3m}^* > p_{2m}^* > p_{1m}^*$，$p_{3r}^* > p_{2r}^* > p_{1r}^*$，$D_1^* < D_3^* < D_2^*$，

$$\prod_{1M}^* < \prod_{3M}^* < \prod_{2M}^*, \quad \prod_{1R}^* < \prod_{3R}^* < \prod_{2R}^*。$$

结论 4.7 表明，在第三阶段，批发价格和零售价格将增加，因为制造商需要提供等于财政补贴的支付。比较每一阶段的优化结果发现，需求和利润的变化受到 ω 和 β 关系的影响。当 $\omega \leq \beta$ 时，如果政府停止补贴，制造商不应该提供支付来刺激顾客的消费意愿。当 $\omega > \beta$ 时，如果政府停止补贴，为了得到更多的利润，制造商应提供支付刺激顾客的消费意愿。

4.3.4 数值算例

本节将通过数值算例来分析 ω 和 β 对最优值的影响，给出不同情况下数值结果的分析。

本例中，$\phi = 10000$，$\beta = 2$，$c_m = 100$，$c_r = 20$。其他的参数值将在相关情况中进行设置。

1. ω 和 β 对最优值的影响

在这里，$s = s_1 = 400$，$0 \leq \omega \leq 5$。在每个阶段，随着 ω 的不同制造商和零售商利润的变化情况如图 4-9 所示。

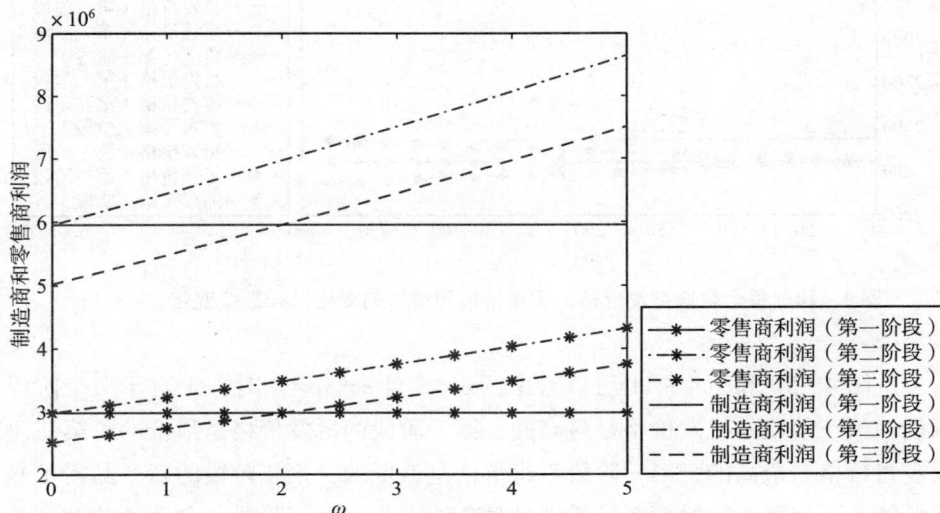

图 4-9 制造商和零售商利润的变化（ω 变化）

从图 4-9 可以看出：①如果最终顾客对财政补贴（或支付）的敏感系数 ω 小于（或等于）对新产品零售价格的敏感系数 β，制造商和零售商在第三阶段的利润将小于（或等于）制造商和零售商在第一阶段的利润。这种情况下，如果政府停止补贴，制造商将不愿意继续开展废旧家电以旧换新。②如果 ω 大于 β，制造商和零售商在第三阶段的利润将大于制造商和零售商在第一阶段的利润。这种情况下，即使政府停止补贴，制造商也愿意继续开展废旧家电以旧换新。

2. $\omega < \beta$ 时对数值结果的分析

这里 $0 \leqslant s = s_1 \leqslant 400$，$\omega = 1$。随着 s（或 s_1）的变化，每个阶段批发价格、零售价格、新产品需求、制造商和零售商利润的变化情况如图 4-10 和图 4-11 所示。

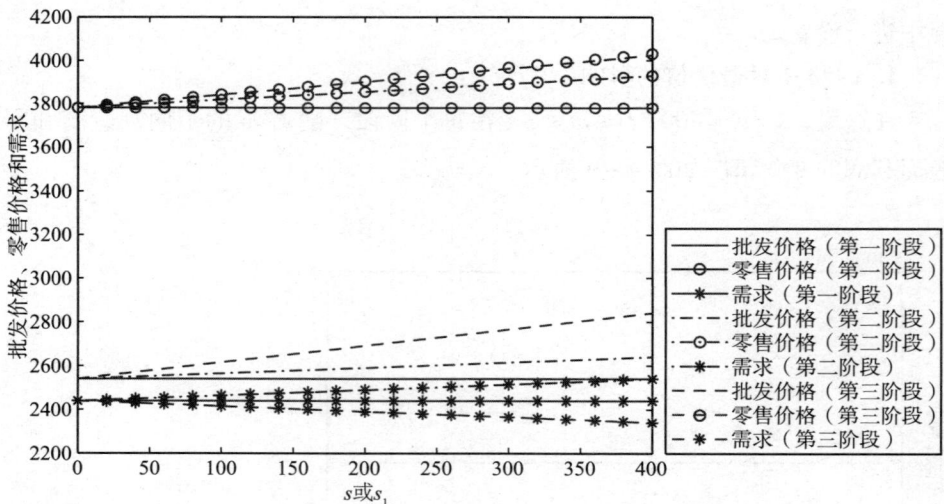

图 4-10　每个阶段批发价格、零售价格和需求的变化（s 或 s_1 变化，$\omega = 1$）

从图 4-10 和图 4-11 可以看出，$\omega < \beta$ 且 $s = s_1 \neq 0$ 时：①对于三个阶段来说，第三阶段的批发价格是最高的，第一阶段的批发价格是最低的；第三阶段零售价格是最高的，第一阶段零售价格是最低的；第三阶段的新产品需求是最低的，而在第二阶段新产品需求是最高的。②在第三阶段，制造商的利润是最低的，而第二阶段制造商的利润是最高的；零售商的利润在第三阶段是最低的，而在第二阶段零售商的利润是最高。③在第二阶段，当 s（或 s_1）增加时，

所有的批发价格、零售价格、需求、制造商利润与零售商利润都将增加；在第三阶段，当 s（或 s_1）增加时，批发价格和零售价格将增加，而需求、制造商利润与零售商利润将减少。

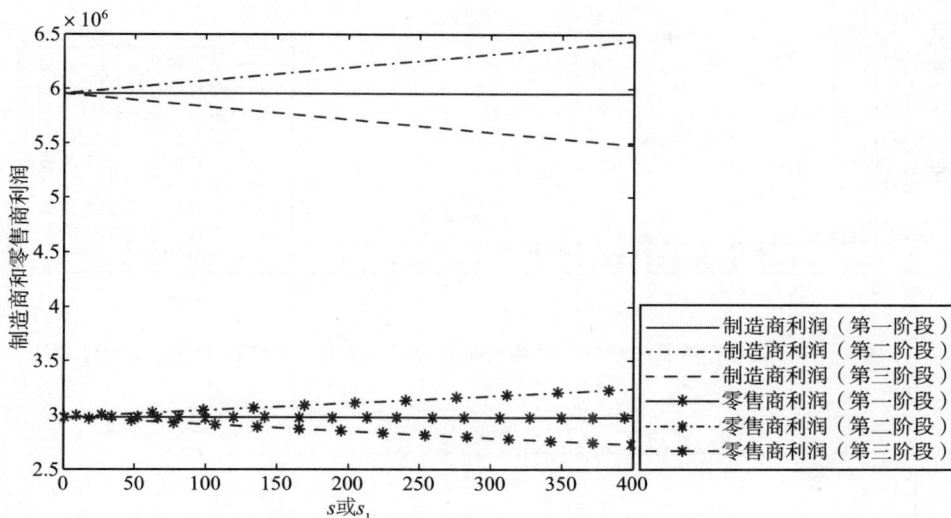

图 4 – 11　每个阶段制造商和零售商利润的变化（s 或 s_1 变化，$\omega = 1$）

3. $\omega > \beta$ 时对数值结果的分析

此处，$0 \leqslant s = s_1 \leqslant 400$，$\omega = 3$。随着 s（或 s_1）的变化，每个阶段批发价格、零售价格、新产品需求、制造商和零售商利润的变化情况如图 4 – 12 和图 4 – 13 所示。

图 4 – 12 和图 4 – 13 显示，当 $\omega > \beta$ 且 $s = s_1 \neq 0$ 时：①对于三个阶段，第三阶段的批发价格是最高的，而第一阶段的批发价格是最低的；第三阶段的零售价格是最高的，第一阶段的零售价格是最低的；第一阶段的需求是最低的，第二阶段的需求是最高的。②对于三个阶段来说，第一阶段制造商的利润是最低的，第二阶段制造商的利润是最高的；第一阶段零售商的利润是最低的，第二阶段零售商的利润是最高的。③在第二和第三阶段，随着 s（或 s_1）的增加，所有的批发价格、零售价格、需求、制造商的利润与零售商的利润都将增加。

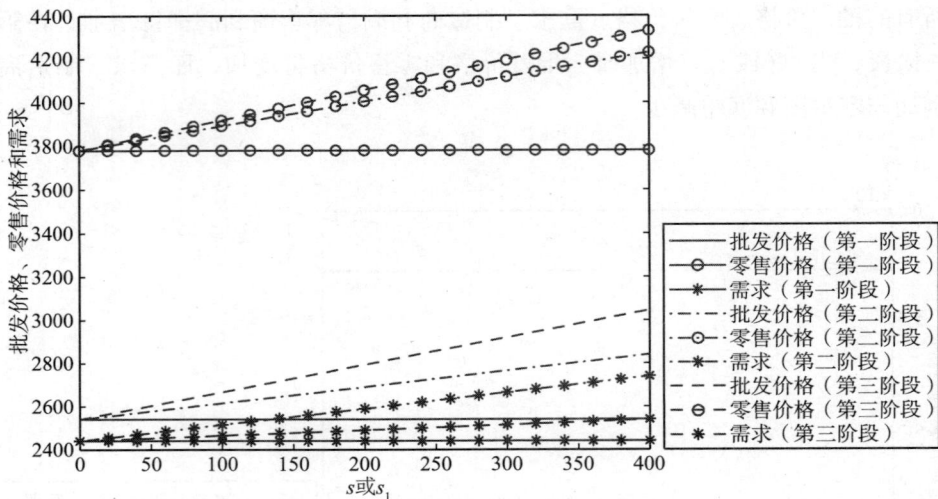

图 4 – 12　每个阶段批发价格、零售价格和需求的变化（s 或 s_1 变化，$\omega = 3$）

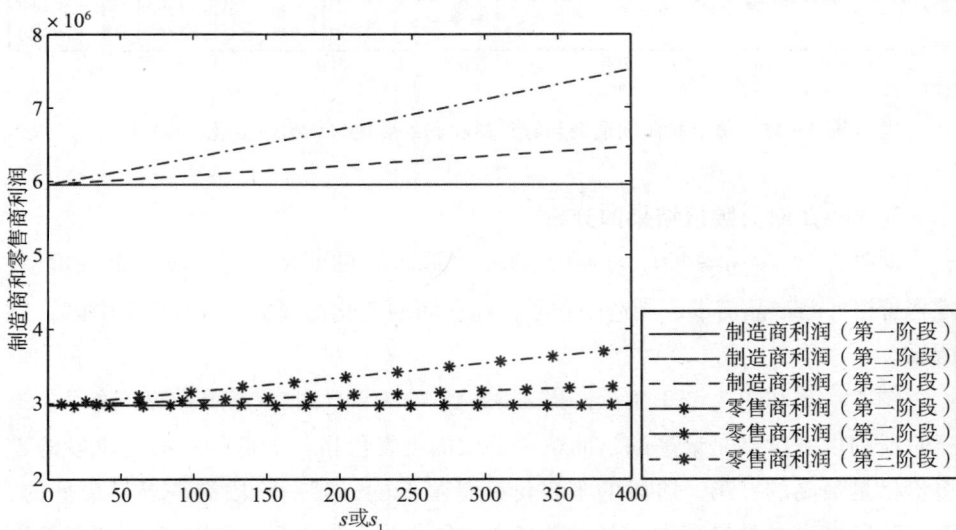

图 4 – 13　每个阶段制造商和零售商利润的变化（s 或 s_1 变化，$\omega = 3$）

4.3.5　本节小结

本节考虑有无政府财政补贴两种情况，研究了制造商和零售商三个阶段的定价决策：第一阶段，没有废旧产品以旧换新，也没有政府财政补贴；第二阶段，开始有废旧家电以旧换新和财政补贴；第三阶段，实施废旧家电以旧换新但没有财政补贴。分析了 ω 和 β 对最优值的影响，给出不同情况下数值结果的分析。

研究发现：如果最终顾客对财政补贴（或支付）的敏感系数 ω 小于（或等于）对新产品零售价格的敏感系数 β，则当政府停止补贴，制造商将不愿意继续开展废旧家电以旧换新。如果 ω 大于 β，即使政府停止补贴，制造商也愿意继续开展废旧家电以旧换新。

4.4　本章小结

本章主要得出以下研究结果。

（1）在对各种参考因素进行分析的基础上，研究了参考效应对以旧换新的影响机理。结果表明：为促进以旧换新的实施，一是应对二手市场的销售价格进行规范；二是应提高废旧汽车的财政补贴金额或降低废旧家电的补贴金额，或者二者同时进行；三是制定废旧汽车、家电拆解再利用的利益共享机制，提高废旧产品交售价格。

（2）为了刺激消费和减小污染，我国政府已经决定在 2009 年 6 月 1 日到 2010 年 5 月 31 日为废旧家电、汽车以旧换新提供财政补贴。因为财政补贴截至 2010 年 5 月 31 日，制造商必须面对这样的问题：如果政府停止提供财政补贴，是否还继续进行以旧换新？如果继续，则制造商需要自己提供支付给以旧换新的消费者。此时，制造商有一个潜在的风险：新产品的单位费用将增加。本章针对两种情形给出了制造商批发价格和零售商销售价格的最优决策：情形一，政府依据零售价格给予财政补贴；情形二，政府停止财政补贴，制造商和零售商分担支付。同时，通过一个数值算例分析了补贴率和支付分担比例对优化结果的影响。

（3）考虑有无政府财政补贴两种情况，研究了制造商和零售商三个阶段的定价决策：第一阶段，没有废旧产品以旧换新，也没有政府财政补贴；第二阶段，开始有废旧家电以旧换新和财政补贴；第三阶段，实施废旧家电以旧换新但没有财政补贴。研究发现：如果最终顾客对财政补贴（或支付）的敏感系数 ω 小于（或等于）对新产品零售价格的敏感系数 β，则当政府停止补贴，制造商将不愿意继续开展废旧家电以旧换新；如果 ω 大于 β，即使政府停止补贴，制造商也愿意继续开展废旧家电以旧换新。

第 5 章
R&B – dominated 供应链优化策略

基于前面章节关于顾客废旧产品返还行为、对再制造产品购买行为以及 R&B – dominated 供应链结构和特点的分析，本章将研究 R&B – dominated 供应链的优化问题，包括：顾客估价与废旧产品定价策略、顾客购买行为转移率与产品定价策略、顾客返还行为与供应链运作模型以及考虑顾客返还和购买行为的产品定价策略。

5.1 顾客估价与废旧产品定价策略

第 4 章讨论了参考效应对以旧换新的影响。顾客在将废旧产品返还给零售商或再制造商时，也会参考新产品的销售价格，对自己的废旧产品进行估价。本节考虑了顾客对废旧产品的估价以及风险分担，研究再制造/制造商和零售商对废旧产品的定价策略，并通过算例对最优结果进行分析。

5.1.1 引言

在包括正向和逆向供应链的再制造/制造（R/M）集成供应链中，再制造/制造商不仅生产新产品，还生产再制造产品。新产品通过正向供应链销售给最终顾客。使用后，这些新产品成为废旧产品等待回收。在逆向供应链中，废旧产品被从最终顾客回收。显然，废旧产品回收对 R/M 集成供应链非常重要，而废旧产品回收量受到废旧产品回收价格的影响。

关于废旧产品价格管理，Guide 等基于一个再制造公司，给出了计算废旧产品获取价格和不同等级再制造产品销售价格的经济学分析[104]。Gu 和 Ji 基于闭环供应链三个模型，给出了最优的逆向供应链中废旧产品回收价格和正向供应链成员的最优批发价格和最优零售价格[105]。Gu 和 Ji 考虑制造商负责回收和处理废旧产品、制造商将回收委托给零售商（或第三方）两种回收处理方式，给出了逆向供应链废旧产品回收价格定价策略。通过观察不同情况下的回收价格发现：制造商愿意自己回收废旧产品而不是委托给零售商或第三方回收；如果第三方加入到逆向供应链中，则第三方希望更深层次的合作，不仅回收而且处理废旧产品[106]。Gu 和 Gao 考虑到新产品的消费市场和废旧产品的供应市场之间的关系以及消费者对废旧产品的估价，研究给出了新产品和废旧产品的两阶段定价策略，通过算例对优化结果进行分析。研究发现，制造商和零售商必须密切关注消费者对废旧产品的估价和对回收价格的敏感程度[107]。Hong 等开发了逆向生产系统中检验个体行为的方法[108]。Kulshreshtha 和 Sarangi 假设消费者市场对返回产品有厌恶情绪，制造商通过提供回购价格来克服这种厌恶情绪[109]。Nagurney 和 Toyasaki 使用变分不等式求解方法求解回收材料的均衡网络流和内生价格[110]。

一般情况下，零售商负责以一定的回收价格从最终顾客回收废旧产品，再制造商以一定的收回价格将零售商回收的废旧产品收回。在再制造期间，再制造商必须面对废旧产品质量的不确定性：对于一个废旧产品，如果可以再制造，则再制造商获得单位利润；相反，再制造将有一个单位风险损失。当然，这个单位风险损失将会影响再制造商对废旧产品的定价决策。如果零售商和再制造商共同分担这个单位风险损失，定价决策将不同。

本节着重研究考虑风险分担的再制造商和零售商之间对废旧产品的定价决策，其中也给出了顾客对废旧产品的估价方法[111]。

5.1.2 价格决策

1. 问题描述

考虑一个 R/M 集成供应链，它包括两名成员：再制造商和零售商。在第一阶段，再制造商已生产新产品，并通过零售商销售到消费市场。在第二阶段，这些新产品已成为废旧产品等待回收。

回收废旧产品包括以下步骤：零售商以一定的回收价格从最终顾客回收废旧产品，再制造商以一定的收回价格将零售商回收的废旧产品收回。在回收的过程中，再制造商和零售商将分担风险损失。

基于风险分担，再制造商将决定收回价格、零售商将决定回收价格。

本节使用以下相关符号。

p_m：废旧产品单位收回价格。再制造商将从零售商处收回所有已回收的废旧产品。

p_r：废旧产品单位回收价格。零售商将从最终用户回收废旧产品。

c_m：再制造产品的单位再制造费用。

c_r：零售商回收废旧产品的单位运营费用。

p_0：通过废旧产品再制造获得的再制造产品单位收入。

$\bar{p}$：当一个废旧产品不能再制造时的单位风险损失。

$S(p_r)$：在第二阶段废旧产品的供应，是回收价格的递增函数，$S(p_r) = A - b(\delta p_{new} - p_r)$。式中，$A$ 是潜在的废旧产品市场。$\delta p_{new}(0 \leqslant \delta < 1)$ 代表顾客对废旧产品的估价，p_{new} 是第一阶段的零售价格，即顾客在第一阶段购买新产品的价格。b 是最终顾客对废旧产品回收价格的敏感系数，$b > 0$。

β：零售商需要分担的单位风险损失的比例。（注：后面图中 β 用 beta 表示）

$\prod_M$：再制造/制造商的利润。

$\prod_R$：零售商的利润。

另外，为了描述不同风险偏好和单位风险损失估计概率的关系，引入三个参数 L，α 和 γ，$L \in \{1, 2, 3, 4, 5, 6, 7, 8, 9\}$，$\alpha$，$\gamma \in \{0.1, 0.2, 0.3, 0.4, 0.5, 0.6, 0.7, 0.8, 0.9\}$。$L$ 表示再制造/制造商和零售商的风险偏好程度，α 表示再制造/制造商对单位风险损失的估计概率，γ 是指零售商对单位风险损失估计的概率。$L = 1$ 代表最高级别的风险偏好程度，$L = 9$ 代表最低级别的风险偏好程度。风险偏好程度越高，对单位风险损失的估计概率越低。这是因为如果再制造/制造商和零售商愿意冒险，他们的乐观使得其对风险损失的估计概率比较低。

2. 最优结果

从以上内容很容易给出再制造/制造商和零售商的优化问题。

再制造/制造商的问题是决策废旧产品收回价格以最大化自己的利润，即

$$\max_{p_m} \prod_M = (1 - \alpha)(p_0 - c_m - p_m)[A - b(\delta p_{\text{new}} - p_r)] -$$

$$\beta\alpha[A - b(\delta p_{\text{new}} - p_r)]\overline{P}$$

$$= [(1 - \alpha)(p_0 - c_m - p_m) - \beta\alpha\overline{P}][A - b(\delta p_{\text{new}} - p_r)]$$

$$(5-1)$$

零售商的问题是决策废旧产品回收价格以最大化自己的利润，即

$$\max_{p_r} \prod_R = (1 - \gamma)(p_m - c_r - p_r)[A - b(\delta p_{\text{new}} - p_r)] -$$

$$\gamma(1 - \beta)\alpha[A - b(\delta p_{\text{new}} - p_r)]\overline{P}$$

$$= [(1 - \gamma)(p_m - c_r - p_r) - \gamma(1 - \beta)\alpha\overline{P}][A - b(\delta p_{\text{new}} - p_r)]$$

$$(5-2)$$

假定再制造/制造商有足够的力量成为 Stackelberg 的领导者，则得到以下结论。

结论 5.1　再制造/制造商对废旧产品的最优收回价格和零售商对废旧产品的最优回收价格是 p_m^* 和 p_r^*

$$p_m^* = \frac{(1 - \alpha)[-2A + b(p_0 - c_m + 2\delta p_{\text{new}} - 2\Delta)] - \alpha\beta\overline{P}b}{2(1 - \alpha)b} \quad (5-3)$$

$$p_r^* = \frac{(1 - \alpha)[-2A + b(p_0 - c_m + 2\delta p_{\text{new}} + 2\Delta)] - \alpha\beta\overline{P}b}{4(1 - \alpha)b} \quad (5-4)$$

式中，$\Delta = \dfrac{(1 - \gamma)[-A + b(\delta p_{\text{new}} - c_r)] - \gamma(1 - \beta)\alpha\overline{P}b}{2(1 - \gamma)b}$。依据式（5-3）和（5-4），再制造/制造商和回收商可得到具有不同风险偏好的收回价格和回收价格。

5.1.3　数值算例和分析

本节将基于三种情景进行分析：情景Ⅰ，再制造/制造商是风险偏好型；情景Ⅱ，再制造/制造商风险是适中型；情景Ⅲ，再制造/制造商是风险厌恶型。

本算例中，参数设置为 $A = 2400$，$b = 2$，$p_0 = 2700$，$c_m = 50$，$\delta = 0.2$，$p_{\text{new}} = 3740$，$\overline{P} = 400$，$c_r = 20$。

1. 风险偏好型再制造/制造商

这种情况下，再制造/制造商的风险偏好水平是 $L \in \{1, 2, 3, 4\}$，风险

损失估计概率为 $\alpha \in \{0.1, 0.2, 0.3, 0.4\}$。下面以 $\alpha = 0.2$ 为例进行分析。图 5-1 展示了当零售商具有不同风险偏好时，再制造／制造商对废旧产品的收回价格、零售商对废旧产品的回收价格以及废旧产品的回收量的变化情况。图 5-2 展示了当零售商具有不同风险偏好时，再制造／制造商和零售商利润的变化情况。

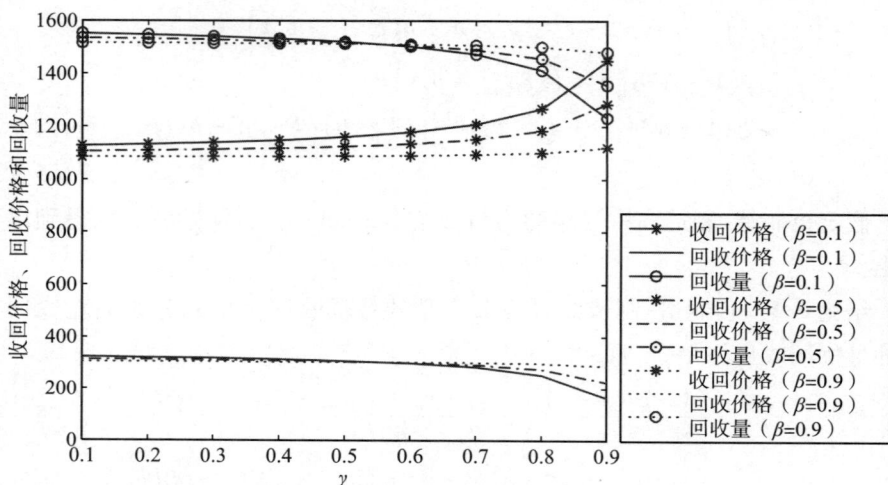

图 5-1　当 $\alpha = 0.2$ 时，收回价格、回收价格和回收量的变化

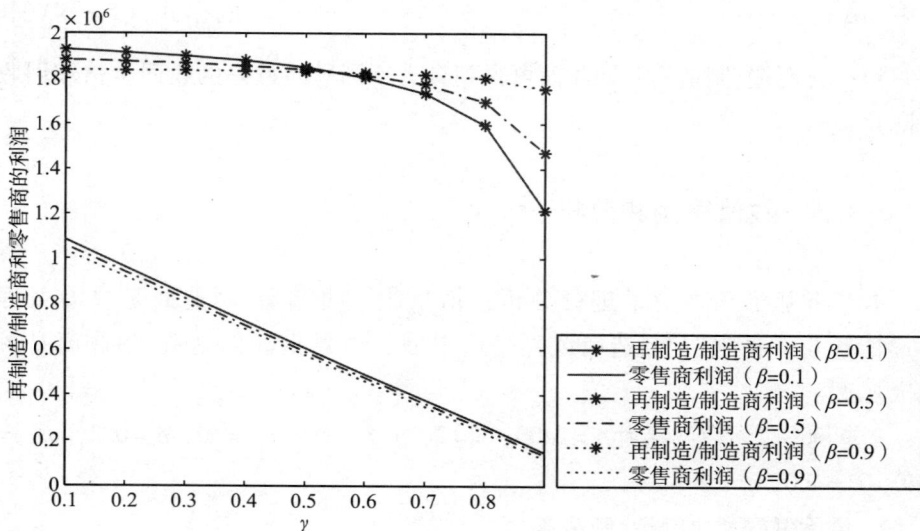

图 5-2　当 $\alpha = 0.2$ 时再制造／制造商和零售商利润的变化

从图5-1和图5-2可以看出：①对于固定的β，随着零售商风险偏好水平的降低，再制造/制造商的收回价格将升高；零售商回收价格、废旧产品回收量、再制造/制造商和零售商的利润将降低。②对于固定的γ，随着风险分担比例β的增加，再制造/制造商的收回价格将降低；零售商的回收价格、回收量、再制造/制造商的利润在$\gamma \in \{0.1, 0.2, 0.3, 0.4, 0.5\}$时降低，在$\gamma \in \{0.6, 0.7, 0.8, 0.9\}$时增加；零售商的利润降低。③在此情景，再制造/制造商的利润大于零售商的利润。

2. 风险适中型再制造/制造商

此情景中，再制造/制造商的风险偏好水平是$L=0.5$，风险损失估计概率是$\alpha=0.5$。图5-3显示了当零售商风险偏好变化时，再制造/制造商的收回价格、零售商的回收价格、废旧产品回收量的变化情况。图5-4显示了当零售商风险偏好变化时，再制造/制造商和零售商利润的变化情况。

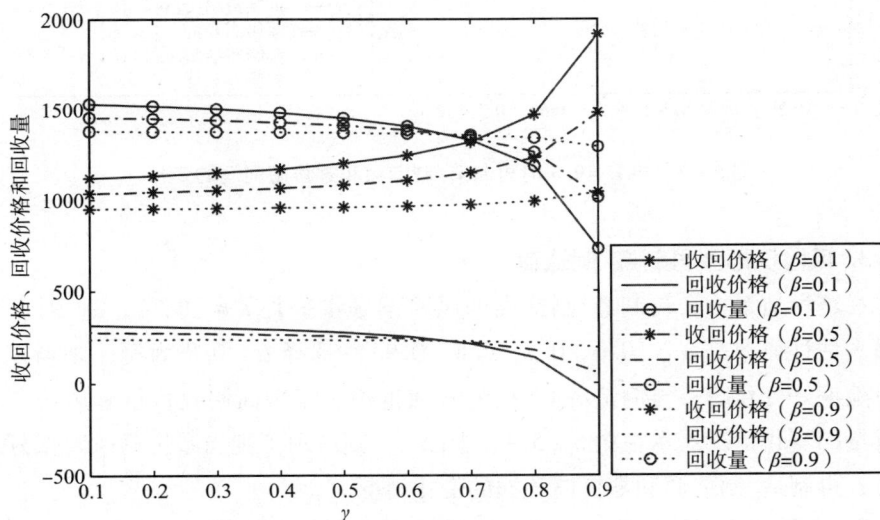

图5-3 当$\alpha=0.5$时，收回价格、回收价格和回收量的变化

正如图5-3和图5-4所示，①对于固定的β，再制造/制造商收回价格、零售商回收价格、废旧产品回收量、再制造/制造商利润和零售商利润的变化规律和情景I的变化规律相似。②对于固定的γ，随着风险分担比例β的增加，再制造/制造商收回价格、零售商回收价格、废旧产品回收量、再制造/制

造商利润在 $\gamma \in \{0.1，0.2，0.3，0.4，0.5，0.6\}$ 时降低，在 $\gamma \in \{0.7，0.8，0.9\}$ 时增加；零售商利润降低。③在此情景中，再制造/制造商的利润大于零售商的利润。

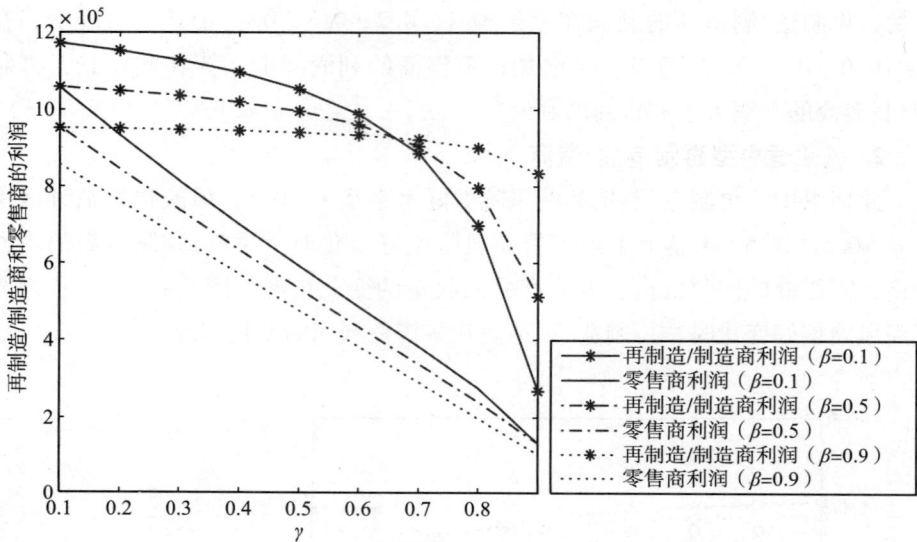

图 5-4　当 $\alpha = 0.5$ 时再制造/制造商和零售商利润的变化

3. 风险厌恶型再制造/制造商

在这种情景中，再制造/制造商的风险偏好水平是 $L \in \{6，7，8，9\}$，风险损失估计概率是 $\alpha \in \{0.6，0.7，0.8，0.9\}$。选择 $\alpha = 0.8$ 为例，则当零售商风险偏好变化时，再制造/制造商的收回价格、零售商回收价格和废旧产品回收量的变化情况展示在图 5-5 中，图 5-6 则展示了则当零售商风险偏好变化时，再制造/制造商和零售商利润的变化情况。

图 5-5 和图 5-6 显示：①对于固定的 β，再制造/制造商收回价格、零售商回收价格、废旧产品回收量、再制造/制造商利润和零售商利润的变化规律和情景Ⅰ、情景Ⅱ的变化规律相似。②对于固定的 γ，随着风险分担比例 β 的增加，再制造/制造商收回价格、零售商回收价格、废旧产品回收量、再制造/制造商利润在 $\gamma \in \{0.1，0.2，0.3，0.4，0.5，0.6，0.7，0.8\}$ 时降低，在 $\gamma \in \{0.9\}$ 时增加；零售商利润降低。③在此情景中，再制造/制造商的利润小于零售商的利润。

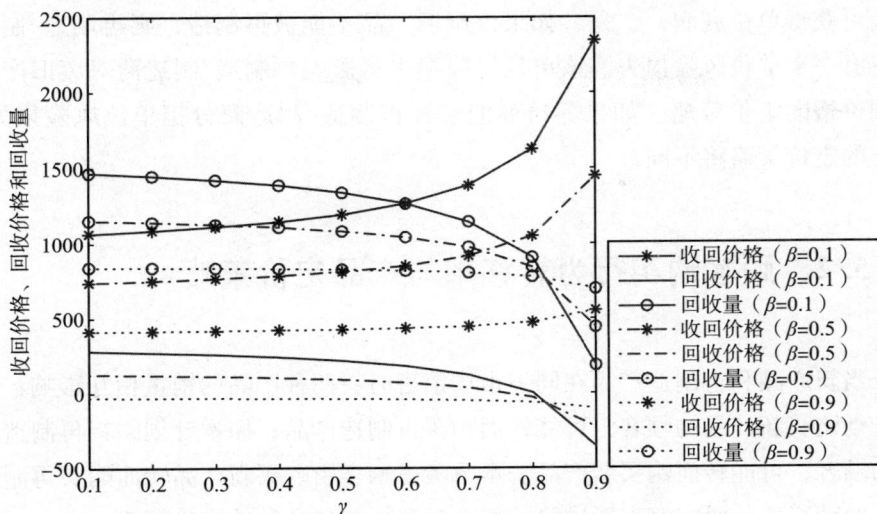

图 5-5　当 $\alpha = 0.8$ 时，收回价格、回收价格和回收量的变化

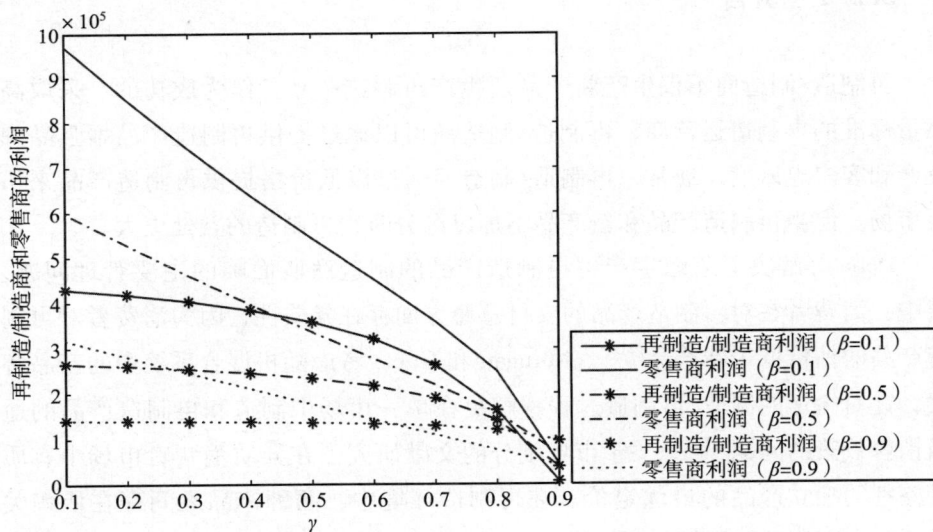

图 5-6　当 $\alpha = 0.8$ 时再制造/制造商和零售商利润的变化

5.1.4　本节小结

　　废旧产品的质量是不确定的。当从零售商收回一个废旧产品，再制造/制造商有两种可能的结果：一是，如果该废旧产品可以被再制造，则再制造/制

造商可获得单位利润；二是，如果该废旧产品不能被再制造，则再制造/制造商将有一个单位风险损失。该单位风险损失将影响再制造/制造商对废旧产品收回价格的定价策略。如果零售商能够和再制造/制造商分担单位风险损失，双方的定价策略将不同。

5.2 顾客购买行为转移率与产品定价策略

当新产品和再制造产品在同一市场销售时，两种产品的销量相互影响：原本计划购买新产品的顾客，可能转而购买再制造产品；原本计划购买再制造产品的顾客，可能转而购买新产品。本节考虑顾客由购买新产品转而购买再制造产品的转移率，研究有市场风险的新产品和再制造产品的定价策略。

5.2.1 引言

再制造/制造商不仅生产新产品还生产再制造产品。作为成功的、采取高质量标准的再制造运营商，再制造/制造商可以通过提供再制造产品增强品牌资产和客户忠诚度。通常，再制造/制造商通过以低价格提供再制造产品来拓展市场。但当再制造产品和新产品不加以区分时，再制造的益处更大。

Debo 等解决了考虑生产可再制造产品的制造商所面临的主要管理问题，其中，消费者在对再制造产品的支付意愿方面存在异质性，因为消费者对再制造产品的估价低于新产品[112]。Korugan 和 Gupta 考虑随机混合系统中的产品替代，针对给定的制造/再制造过程，解决在单一市场中制造和再制造产品的适当销售政策的问题[113]。关于市场细分的文献研究了在异质消费者市场中有质量差别的独立产品的最优定价。在再制造环境中，两种产品之间存在依赖关系：可重新制造的可用产品的供应取决于新产品的过去销售量和可再制造水平[114-115]。Ferrer 和 Swaminathan 对第一阶段制造新产品、并在未来某阶段使用回收的核心部件提供再制造产品以及新产品的公司进行了研究。他们假设再制造产品和原始产品对顾客来说是不可区分的。研究发现，如果再制造是非常有利可图的，原始制造商可能会在第一阶段通过降低价格销售更多的产品，以增加未来阶段可用于再制造的核心部件的数量[116]。

不过，当将再制造产品和新产品在同一市场销售时，再制造/制造商将面临市场风险。当两种产品在同一市场销售，有两种情况：情况Ⅰ，再制造产品和新产品不可区分；情况Ⅱ，再制造产品和新产品是可区分的。不同的情况会有不同的市场风险。本节将针对两种产品在同一市场销售时的风险给出新产品和再制造产品的定价策略[117]。

5.2.2 假设和符号

1. 假设

本节的研究仅考虑再制造/制造商，而不涉及批发商和零售商。再制造/制造商生产新产品的同时也生产再制造产品，并将两种产品在同一市场销售。

情况Ⅰ，再制造产品和新产品不区分。这意味着再制造/制造商用不同的生产成本生产新产品和再制造产品（确保达到新产品质量水平），以相同的价格在同一市场销售。该情况需要对销售价格进行决策并分析市场风险。

情况Ⅱ，再制造产品和新产品加以区分。这意味着再制造/制造商用不同的生产成本生产新产品和再制造产品（确保达到新产品质量水平），以不同的价格在同一市场销售。该情况需要对新产品销售价格和再制造产品销售价格进行决策并分析市场风险。

为了便于分析，本节用到以下假设。

假设1：用于再制造的回收的废旧产品来自销售到市场的新产品而不是销售到市场的再制造产品。这些新产品经过使用后已经完成其使用周期，成为废旧产品等待回收再制造。所有回收的废旧产品都能够被再制造。

假设1预示着再制造产品销售到市场、完成其使用周期后，不能再次被回收再制造。

假设2：在情况Ⅰ，新产品的需求$D(p)$是销售价格的函数，$D(p)=\phi-\beta p$，ϕ和β是正常数，且$\phi>\beta c_n$。

假设3：在情况Ⅱ，新产品的需求$D_n(p_n,p_r)$和再制造产品的需求$D_r(p_n,p_r)$分别是新产品销售价格和再制造产品销售价格的函数。$D_n(p_n,p_r)=\phi-\beta p_n-\lambda\beta(p_n-p_r)$，$D_r(p_n,p_r)=\beta(p_n-p_r)$，这里$\phi$和$\beta$是正常数，$\phi>\beta c_n$，$0\leqslant\lambda\leqslant1$。

这一假设基于这样的事实：消费者在购买再制造产品时会比较再制造产品

价格和新产品价格。如果新产品价格和再制造产品价格区别不大，消费者愿意购买新产品而不是再制造产品；反过来，如果新产品价格和再制造产品价格区别比较大，消费者可能考虑购买再制造产品而不是新产品。

2. 符号

本节用到以下相关符号。

（1）决策变量。

p：情况 I 中，新/再制造产品单位销售价格。

p_n：情况 II 中新产品单位销售价格。

p_r：情况 II 中再制造产品单位销售价格。

（2）成本。

c_n：两种情况下新产品单位制造成本。

c_r：两种情况下再制造产品单位再制造费用，包括废旧产品回收成本。

（3）参数。

$D(p)$：情况 I 中新/再制造产品需求量。

$D_n(p_n, p_r)$：情况 II 中新产品需求量。

$D_r(p_n, p_r)$：情况 II 中再制造产品需求量。

ω：情况 I 中满足的总需求 $D(p)$ 中再制造产品的比例，$0 \leq \omega \leq 1$。

ϕ：正常数，两种情况下潜在消费市场。

β：两种情况中正常数。

λ：在再制造产品需求中，消费者从购买新产品转而购买再制造产品的比例，$0 \leq \lambda \leq 1$。

$\prod_M$：两种情况下再制造/制造商总利润。

5.2.3 定价决策

1. 情况 I 的定价决策

在此情况下，再制造产品和新产品是不可区分的。依据假设 2，再制造/制造商的问题是

$$\max_p \prod_M = (1-\omega)(\phi - \beta p)(p - c_n) + \omega(\phi - \beta p)(p - c_r) \quad (5-5)$$

显然，目标函数是 p 的凹函数。于是，容易得到以下结果。

定理5.1　情况Ⅰ中最优销售价格 p^*、需求量 D^* 和总利润 $\prod_M^*$ 分别为

$$p^* = \frac{\phi + \beta[(1-\omega)c_n + \omega c_r]}{2\beta} \tag{5-6}$$

$$D^* = \frac{\phi - \beta[(1-\omega)c_n + \omega c_r]}{2} \tag{5-7}$$

$$\prod_M^* = \frac{\{\phi - \beta[(1-\omega)c_n + \omega c_r]\}^2}{4\beta} \tag{5-8}$$

从定理5.1可得出以下结论。

结论5.2　情况Ⅰ中，p^* 随着 ω 的增加而降低，D^* 和 $\prod_M^*$ 随着 ω 的增加而增加。

结论5.2的证明可通过 p^*，D^* 和 $\prod_M^*$ 依次关于 ω 求导数获得。

结论5.2显示，在情况Ⅰ，通过生产再制造产品并用再制造产品满足市场需求，再制造/制造商可获得更多利润。消费者可以用较低价格购买到新产品。

结论5.3　在情况Ⅰ，$0 \leqslant \omega \leqslant 0.5$。

依据假设1，用于再制造的回收的废旧产品来自销售到市场的新产品而不是销售到市场的再制造产品。为了保证能够有足够的废旧产品用于再制造，再制造/制造商必须保持一定比例的新产品销售到市场，且 $0 \leqslant \omega(\phi - \beta p) \leqslant (1-\omega)(\phi - \beta p)$，即 $0 \leqslant \omega \leqslant 0.5$。

结论5.3表明：在情况Ⅰ，虽然再制造/制造商可以通过生产再制造产品满足消费者需求来获取利润，但再制造产品的数量不能大于新产品的数量。

对市场风险有以下分析。

从上面的结论可以得出，再制造/制造商将面临市场风险：如果 $\omega > 0.5$，废旧产品市场拥有量将不能满足下一阶段生产再制造产品对废旧产品的需求。所以，当再制造/制造商制定新/再制造产品销售价格时，应该选取 $\omega = 0.5$。

2. 情况Ⅱ的定价决策

在情况Ⅱ下，再制造产品和新产品是可区分的。再制造/制造商的问题是

$$\max_{p_n, p_r} \prod_M = [\phi - \beta p_n - \lambda\beta(p_n - p_r)](p_n - c_n) + \beta(p_n - p_r)(p_r - c_r)$$

$$\tag{5-9}$$

定理5.2　在情况Ⅱ中，最优的新产品销售价格 p_n^*、再制造产品销售价格 p_r^*、新产品需求 D_n^*、再制造产品需求 D_r^* 和再制造/制造商总利润 $\prod_M^*$ 分别为

$$p_n^* = \frac{2\phi + \beta(1+\lambda)(2-\lambda)c_n - (1-\lambda)\beta c_r}{\beta(1+\lambda)(3-\lambda)} \tag{5-10}$$

$$p_r^* = \frac{\phi + (1-\lambda)\beta c_n + \beta c_r}{\beta(3-\lambda)} \tag{5-11}$$

$$D_n^* = \frac{(1+\lambda)\phi - 2\beta(1+\lambda)c_n + (1+\lambda)\beta c_r}{(1+\lambda)(3-\lambda)} \tag{5-12}$$

$$D_r^* = \frac{(1-\lambda)\phi + \beta(1+\lambda)c_n - 2\beta c_r}{(1+\lambda)(3-\lambda)} \tag{5-13}$$

$$\prod{}_M^* = D_n^*(p_n^* - c_n) + D_r^*(p_r^* - c_r) \tag{5-14}$$

最优值 p_n^* 和 p_r^* 可以从式（5-15）得到，

$$\begin{cases} \dfrac{\partial \prod_M}{\partial p_n} = -2\beta(1+\lambda)p_n + \phi + \beta(1+\lambda)(c_n + p_r) - \beta c_r = 0 \\[3mm] \dfrac{\partial \prod_M}{\partial p_r} = -2\beta p_r + \beta(1+\lambda)p_n - \beta\lambda c_n + \beta c_r = 0 \end{cases} \tag{5-15}$$

在式（5-16）和式（5-17）中分别用 p_n^* 和 p_r^* 替换 p_n 和 p_r，可以得到 D_n^* 和 D_r^*，即

$$D_n(p_n, p_r) = \phi - \beta p_n - \lambda\beta(p_n - p_r) \tag{5-16}$$

$$D_r(p_n, p_r) = \beta(p_n - p_r) \tag{5-17}$$

进而得到最优的总利润 $\prod{}_M^*$。

结论5.4 在情况 II 中，① p_n^* 随着 λ 的增加而降低，D_n^* 随着 λ 的增加而增加；② p_r^* 随着 λ 的增加而提高，D_r^* 随着 λ 的增加而减少；③ $\prod{}_M^*$ 随着 λ 的增加而减少。

结论5.4的证明可通过 p_n^*、D_n^*、p_r^*、D_r^* 和 $\prod{}_M^*$ 依次关于 λ 求导数获得。

结论5.4表明：①在情况 II 中，再制造/制造商将降低新产品的销售价格，以确保新产品的市场份额、阻止消费者从购买新产品转而购买再制造产品。②在情况 II 中，当消费者从购买新产品转而购买再制造产品的比例增加时，再制造/制造商将提高再制造产品的销售价格以获得更多利润（潜在的含义是通过提高再制造产品的价格来阻止转移率的增加）。③其结果是，当消费者从购买新产品转而购买再制造产品的比例增加时，新产品和再制造产品总需求减少，再制造/制造商的总利润将减少。

对市场风险有以下分析。

在情况Ⅱ中，再制造/制造商将面临以下市场风险：消费者从购买新产品转而购买再制造产品的比例将影响两种产品总需求量和再制造/制造商的总利润。转移率越大，总需求量和总利润越小。所以，再制造/制造商需要通过增加新产品销售价格和再制造产品销售价格之间的区别，来阻止转移率的增加。

5.2.4　数值算例

1. 情况Ⅰ的数值结果

这里 $\phi=10000$，$\beta=2$，$c_n=100$，$c_r=30$。随着 ω 的不同，其最优结果见表 5-1。

表 5-1　　　　　　　　不同 ω 下的最优结果

ω	p^*	D^*		$\prod_M^*$
		新产品	再制造产品	
0	2550	4900	0	12005000
0.1	2546.5	4416.3	490.7	12039325
0.2	2543	3931.2	982.8	12073698
0.3	2539.5	3444.7	1476.3	12108121
0.4	2536	2956.8	1971.2	12142592
0.5	2532.5	2467.5	2467.5	12177113
0.6	2529	1976.8	2965.2	12211682

正如表 5-1 所示，如果再制造产品和新产品不区分，当生产更多再制造产品并用再制造产品满足市场需求时，再制造/制造商可以获得更多的利润。但是，当 ω 大于 0.5 时，即生产的再制造产品数量大于新产品数量时，再制造/制造商将面临市场风险：在下一阶段，再制造/制造商将不能得到足够的废旧产品用于生产再制造产品。

2. 情况Ⅱ的数值结果

这里 $\phi=10000$，$\beta=2$，$c_n=100$，$c_r=30$。随着 λ 的变化最优值的变化如

图 5 - 7 ~ 图 5 - 9 所示。

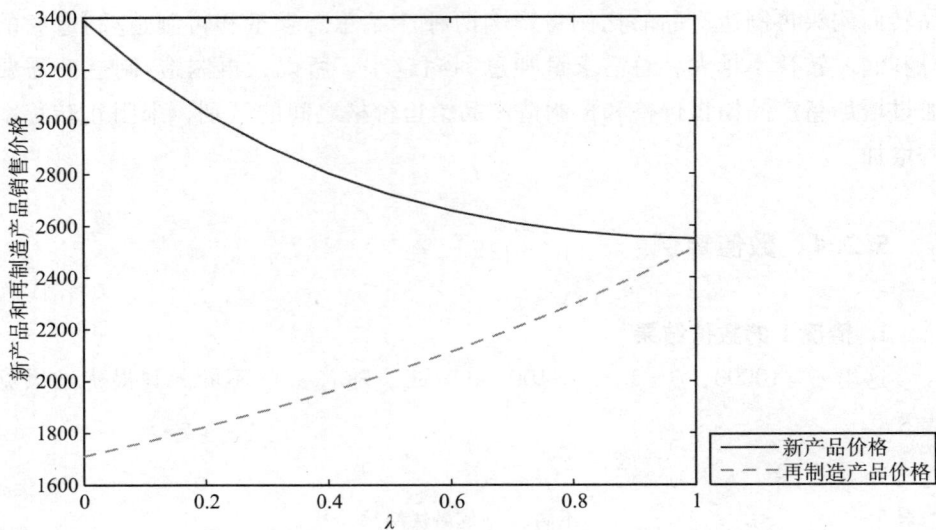

图 5 - 7   随着 λ 的变化新产品和再制造产品销售价格的变化

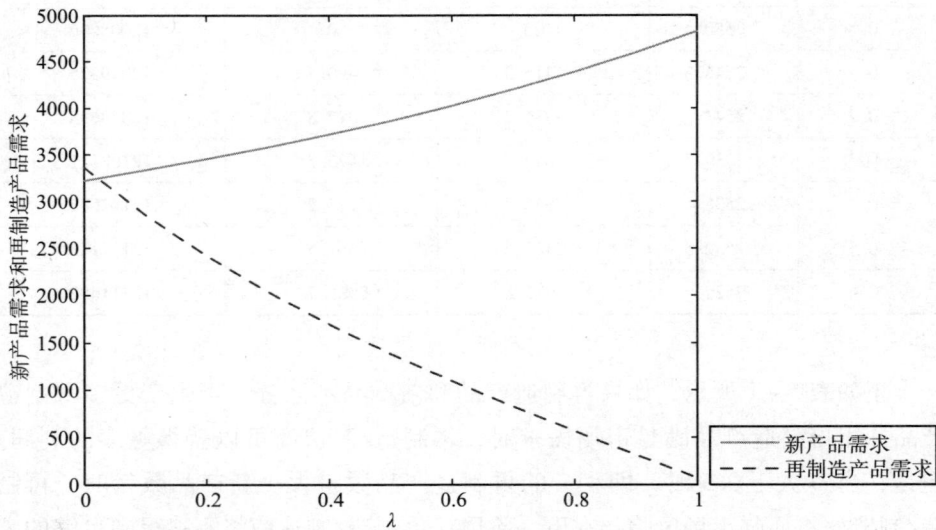

图 5 - 8   随着 λ 的变化新产品需求和再制造产品需求的变化

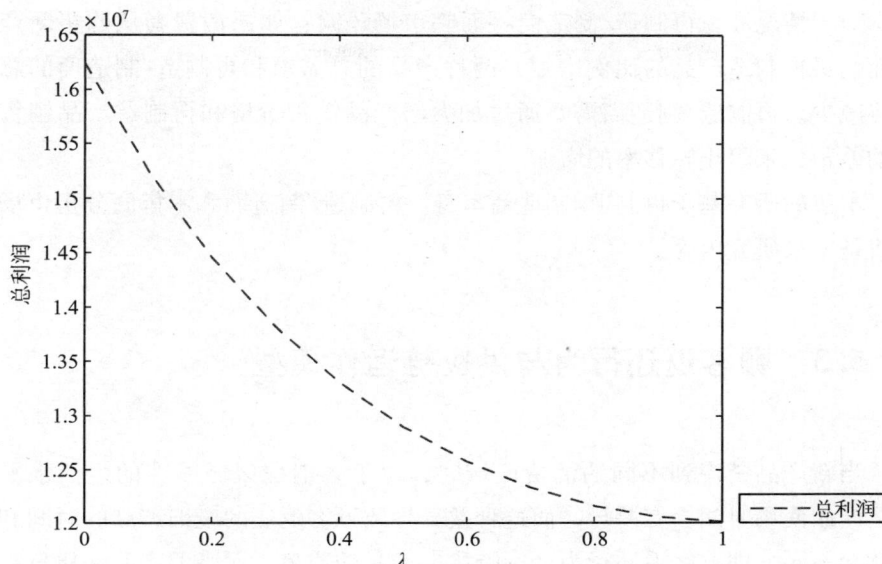

图 5-9　随着 λ 的变化总利润的变化

从图 5-7~图 5-9可以看出，当消费者从购买新产品转而购买再制造产品的比例增加，再制造/制造商将降低新产品销售价格、增加再制造产品销售价格。因此，新产品需求增加、再制造产品需求减少。结果是，两种产品的总需求和总利润减少。这说明，再制造/制造商需要关注和掌控消费者从购买新产品转而购买再制造产品的比例。

5.2.5　本节小结

本节考虑新产品和再制造产品在同一市场销售时的风险，对新产品和再制造产品的销售价格的定价策略进行研究。当再制造/制造商将新产品和再制造产品在同一市场销售时，有两种情况：情况Ⅰ，再制造产品和新产品不区分；情况Ⅱ，再制造产品和新产品区分。

对于情况Ⅰ，通过生产更多的再制造产品、并用再制造产品和新产品同时满足消费者需求时，再制造/制造商可以获得更多的利润。但是，当再制造产品数量大于新产品数量时，再制造/制造商将面临市场风险：在下一生产阶段，再制造/制造商不能获取足够的废旧产品来生产再制造产品。

对于情况 II，再制造／制造商将面临市场风险：如果消费者从购买新产品转而购买再制造产品的比例增加，两种产品的总需求和再制造／制造商的总利润将减少。再制造／制造商需要通过加大新产品销售价格和再制造产品销售价格的差距，来阻止转移率的增加。

本节的研究基于再制造／制造商本身。再制造／制造商和零售商分担市场风险将是未来研究内容。

5.3　顾客返还行为与供应链运作模型

当新产品销售到不同的消费区域时，由于各消费区域顾客的生活水平不同，产品使用时间会有差异，而这种差异导致顾客返还的废旧产品的时间和质量就会不同。即顾客返还行为会影响废旧产品的质量，而废旧产品的质量将影响到回收的废旧产品的可再制造率或不可再制造率。本节考虑消费区域的废旧产品不可再制造率，研究质量风险控制的 R／M 集成供应链运作模型。

5.3.1　引言

R／M（Remanufacturing/Manufacturing）集成供应链由正向供应链和逆向供应链整合而成。正向供应链包括供应商、再制造／制造商（有多个再制造／制造厂）、批发商和零售商（负责销售新产品），逆向供应链包括零售商（负责回收废旧产品）、拆解中心和再制造／制造商以及废弃处理中心。

关于 R／M 集成供应链优化模型，Sheu 等给出了绿色供应链集成物流管理问题优化模型。作者提出一个线性多目标规划模型，对给定的绿色供应链中集成物流和相应的逆向物流废旧产品的运作进行了系统地优化[118]。Hokey 等提出了一种混合整数非线性规划模型和遗传算法，可以解决逆向物流问题[119]。Ji 和 Gu 给出了一个新的、总运作费用最小的闭环物流运作模型。在模型中，作者考虑了顾客废旧产品返还意愿和废旧产品质量的不确定性[120]。Lu 等提出了 0~1 混合整数规划模型，其中作者同时考虑"正向"和"逆向"物流及其相互作用。作者开发了一种基于拉格朗日启发式的算法，并采用经典测试问题的数据对模型进行了检验[121]。Gu 和 Ji 建立了 R／M 集成供应链多周期物流配送网络优化模型。应用该模型可以得到：第 T 周期每个 R/M 工厂生产新产品和再制造产品的数量；第 $T-2$ 周期每个零售商回收废旧产品的数量和回收价格；第 $T-1$ 周期每个拆解中心的拆解数量；新产品、再制造产品、废旧产品、拆解处理的产品的配送计划；最小化的总费用[122]。Necati 等给出了一个混合整数非线性选址分配模型，以便在预先给定位置和数量的回收中心中找到最优选址位置和不同类型回收产品的最优激励措施[123]。

随着再制造产品需求的增加，拆解中心需要拆解更多的废旧产品以满足生产再制造产品对可再制造废旧产品的需求，因为回收的废旧产品的质量具有不确定性。要解决这个问题，有两种方法：通过建立拆解中心来增强拆解能力；通过控制回收的废旧产品的质量风险来减少拆解数量。

鉴于建立拆解中心需要昂贵的固定成本，本节将给出基于质量风险控制的 R/M 集成供应链优化模型[124]。

5.3.2　优化模型

1. 质量风险控制简介

R/M 集成供应链中质量风险控制的关键成员是拆解中心。

经过几个周期的实际运作，拆解中心能够获得回收的废旧产品的非常有价值的历史数据。本节的研究基于这样的事实：拆解中心已经通过对历史数据的统计分析，得到从每个销售区域回收的废旧产品的不可再制造率。

于是，质量风险可以通过最小化不可再制造率来控制。更详细的描述将在新模型的式（5-19）中给出。

2. 有质量风险控制的新模型

依据上面介绍的质量风险控制，下面给出具有质量风险控制的新的优化模型（称为新模型）

$$
\min \sum_{i \in I} C_i^{\text{renew}} \times X_i^{\text{renew}} + \sum_{i \in I} \sum_{j \in J} C_{ij}^{\text{renew}} \times X_{ij}^{\text{renew}} + \sum_{j \in J} \sum_{k \in K} C_{jk}^{\text{renew}} \times X_{jk}^{\text{renew}} +
$$

$$
\sum_{k \in K} C_k^{\text{col}} \times X_k^{\text{col}*} + \sum_{k \in K} \sum_{l \in L} C_{kl}^{\text{used}} \times X_{kl}^{\text{used}} + \sum_{l \in L} C_l^{\text{tre}} \times X_l^{\text{tre}} +
$$

$$
\sum_{l \in L} \sum_{i \in I} C_{li}^{\text{usable}} \times X_{li}^{\text{usable}} + \sum_{l \in L} \sum_{m \in M} (C_m^{\text{dis}} + C_{lm}^{\text{dis}}) \times X_{lm}^{\text{dis}} \qquad (5-18)
$$

s. t.

$$\min \sum_{k \in K} \alpha_k X_k^{\mathrm{col}}$$

s. t.

$$\sum_{k \in K} X_k^{\mathrm{col}} \leqslant \sum_{l \in L} e_l \qquad (5-19)$$

$$\sum_{k \in K} (1 - \alpha_k) X_k^{\mathrm{col}} = \sum_{k \in K} D_k^{\mathrm{renew}}$$

$$X_k^{\mathrm{col}} \leqslant A_k, \ k \in K$$

$$\sum_{i \in I} X_i^{\mathrm{renew}} = \sum_{k \in K} D_k^{\mathrm{renew}} \qquad (5-20)$$

$$\sum_{j \in J} X_{ij}^{\mathrm{renew}} = X_i^{\mathrm{renew}} \qquad \forall i \qquad (5-21)$$

$$\sum_{j \in J} X_{jk}^{\mathrm{renew}} = D_k^{\mathrm{renew}} \qquad \forall k \qquad (5-22)$$

$$\sum_{k \in K} X_{jk}^{\mathrm{renew}} = \sum_{i \in I} X_{ij}^{\mathrm{renew}} \qquad \forall j \qquad (5-23)$$

$$\sum_{l \in L} X_{kl}^{\mathrm{used}} = X_k^{\mathrm{col}\,*} \qquad \forall k \qquad (5-24)$$

$$X_l^{tre} = \sum_{k \in K} X_{kl}^{\mathrm{used}} \qquad \forall l \qquad (5-25)$$

$$\sum_{i \in I} X_{li}^{\mathrm{usable}} = \sum_{k \in K} (1 - \alpha_k) X_{kl}^{\mathrm{used}} \qquad \forall l \qquad (5-26)$$

$$\sum_{m \in M} X_{lm}^{\mathrm{dis}} = \sum_{k \in K} \alpha_k X_{kl}^{\mathrm{used}} \qquad \forall l \qquad (5-27)$$

$$\sum_{l \in L} X_{li}^{\mathrm{usable}} = X_i^{\mathrm{renew}} \qquad \forall i \qquad (5-28)$$

$$0 \leqslant X_i^{\mathrm{renew}} \leqslant e_i^{\mathrm{renew}} \qquad \forall i \qquad (5-29)$$

$$0 \leqslant \sum_{i \in I} X_{ij}^{\mathrm{renew}} \leqslant e_j^{\mathrm{renew}} \qquad \forall j \qquad (5-30)$$

$$0 \leqslant \sum_{k \in K} X_{kl}^{\mathrm{used}} \leqslant e_l \qquad \forall l \qquad (5-31)$$

目标函数即式（5 - 18）表示最小化供应链运作总费用。其中，第一项是所有再制造/制造厂生产再制造产品总费用；第二项是从再制造/制造厂运送再制造产品到批发商的总运输费用；第三项是从批发商运送再制造产品到零售商的总运输费用；第四项是零售商回收废旧产品的总回收费用；第五项是零售商运送废旧产品到拆解中心的总运输费用；第六项是拆解中心拆解废旧产品的总拆解费用；第七项是从拆解中心运送可再制造产品到再制造/制造厂的总运输费用；第八项是从拆解中心运送废弃产品到废弃产品处理中心的总运输费用和总处理费用。

式（5-19）作为一个约束条件，其实是子目标函数，目标是最小化不可再制造废旧产品数量。子目标函数的第一个约束条件是所有零售商回收的废旧产品的数量不能超过所有拆解中心的拆解能力；第二个约束条件是所有零售商回收的废旧产品中可再制造废旧产品数量等于所有零售商对再制造产品的需求量；第三个约束条件是零售商 k 回收的废旧产品数量小于等于废旧产品市场潜在拥有量。

式（5-20）表示所有再制造/制造厂生产的再制造产品应该满足所有零售商对再制造产品的需求；式（5-21）表示从再制造/制造厂 i 运送到所有批发商的再制造产品数量等于其生产的再制造产品量；式（5-22）表示从所有批发商运送到零售商 k 的再制造产品数量等于该零售商对再制造产品的需求量；式（5-23）表示从批发商 j 运送到所有零售商的再制造产品量等于从所有再制造/制造厂运送到批发商 j 的再制造产品量；式（5-24）表示从零售商 k 运送到所有拆解中心的废旧产品数量等于其回收的废旧产品量；式（5-25）是拆解中心 l 拆解的废旧产品数量等于从所有零售商运送来的废旧产品量；式（5-26）表示从拆解中心 l 运送到所有再制造/制造厂的可再制造产品量，等于其拆解的废旧产品中可再制造的数量；式（5-27）从拆解中心 l 运送到所有废弃产品处理中心的废弃产品量，等于其拆解的废旧产品中的废弃产品量；式（5-28）表示从所有拆解中心运送到再制造/制造厂的可再制造产品量，等于该再制造/制造厂生产的再制造产品的量；式（5-29）表示再制造/制造厂 i 的生产能力限制；式（5-30）表示批发商 j 的批发能力限制；式（5-31）表示拆解中心 l 的拆解能力限制。

关于新模型中变量和参数有以下描述。

（1）集合。

I：再制造/制造厂集合，其位置和能力已知。

J：批发商集合，其位置和能力已知，每个批发商可以从多个再制造/制造厂订货。

K：零售商集合，其位置（服务区域）和能力已知，零售商也负责从本服务区域的消费者回收废旧产品。

L：拆解中心集合，其位置和能力已知。

M：废弃处理中心集合，其位置已知，处理能力无限制。

（2）参数。

e_i^{renew}，$i \in I$：再制造/制造厂 i 的最大生产能力。

e_j^{renew}，$j \in J$：批发商 j 的最大服务能力。

A_k，$k \in K$：服务区域 k 的废旧产品潜在数量。

α_k，$k \in K$：服务区域 k 回收的废旧产品的不可再制造率。

D_k^{renew}，$k \in K$：零售商 k 的再制造产品的需求量。

e_l，$l \in L$：拆解中心 l 对废旧产品的最大拆解能力。

（3）费用。

C_i^{renew}，$i \in I$：再制造/制造厂 i 生产再制造产品的单位再制造费用。

C_l^{tre}，$l \in L$：拆解中心 l 拆解废旧产品的单位拆解费用。

C_m^{dis}，$m \in M$：废弃处理中心 m 对废弃产品的单位处理费用。

C_{ij}^{renew}，$i \in I$，$j \in J$：从再制造/制造厂 i 运送再制造产品到批发商 j 的单位运输费用。

C_{jk}^{renew}，$j \in J$，$k \in K$：从批发商 j 运送再制造产品到零售商 k 的单位运输费用。

C_{kl}^{used}，$k \in K$，$l \in L$：从零售商 k 运送废旧产品到拆解中心 l 的单位运输费用。

C_{li}^{usable}，$l \in L$，$i \in I$：从拆解中心 l 运送可再制造产品到再制造/制造厂 i 的单位运输费用。

C_{lm}^{dis}，$l \in L$，$m \in M$：从拆解中心 l 运送废弃产品到废弃处理中心 m 的单位运输费用。

C_k^{col}，$k \in K$：零售商 k 回收废旧产品的单位回收价格。

（4）决策变量。

X_i^{renew}，$i \in I$：再制造/制造厂 i 生产的再制造产品的数量。

X_k^{col}，$k \in K$：零售商 k 收集的废旧产品的数量，$X_k^{\text{col}*}$，$k \in K$ 是 X_k^{col}，$k \in K$ 的优化值。

X_l^{tre}，$l \in L$：拆解中心 l 拆解废旧产品的数量。

X_{ij}^{renew}，$i \in I$，$j \in J$：从再制造/制造厂 i 运送再制造产品到批发商 j 的运送数量。

X_{jk}^{renew}，$j \in J$，$k \in K$：从批发商 j 运送再制造产品到零售商 k 的运送数量。

X_{kl}^{used}，$k \in K$，$l \in L$：从零售商 k 运送废旧产品到拆解中心 l 的运送数量。

X_{li}^{usable}，$l \in L$，$i \in I$：从拆解中心 l 运送可再制造产品到再制造/制造厂 i 的运送数量。

X_{lm}^{dis}，$l \in L$，$m \in M$：从拆解中心 l 运送废弃产品到废弃处理中心 m 的运送数量。

3. 无质量风险控制的原模型

为了说明新模型的有效性，这里给出无质量风险控制的原模型，即

$$
\min \sum_{i \in I} C_i^{\text{renew}} \times X_i^{\text{renew}} + \sum_{i \in I} \sum_{j \in J} C_{ij}^{\text{renew}} \times X_{ij}^{\text{renew}} + \sum_{j \in J} \sum_{k \in K} C_{jk}^{\text{renew}} \times X_{jk}^{\text{renew}} +
$$

$$
\sum_{k \in K} C_k^{\text{col}} \times X_k^{\text{col}} + \sum_{k \in K} \sum_{l \in L} C_{kl}^{\text{used}} \times X_{kl}^{\text{used}} + \sum_{l \in L} C_l^{tre} \times X_l^{tre} + \sum_{l \in L} \sum_{i \in I} C_{li}^{\text{usable}} \times
$$

$$
X_{li}^{\text{usable}} + \sum_{l \in L} \sum_{m \in M} (C_m^{\text{dis}} + C_{lm}^{\text{dis}}) \times X_{lm}^{\text{dis}} \qquad (5-32)
$$

s. t.

$$
X_k^{\text{col}} \leqslant A_k, \ k \in K \qquad (5-33)
$$

$$
\sum_{l \in L} X_{kl}^{\text{used}} = X_k^{\text{col}} \qquad \forall k \qquad (5-34)
$$

$$
0 \leqslant X_l^{tre} \leqslant \sum_{k \in K} X_{kl}^{\text{used}} \qquad \forall l \qquad (5-35)
$$

$$
\sum_{i \in I} X_{li}^{\text{usable}} = \bar{\lambda} X_l^{tre} \qquad \forall l \qquad (5-36)
$$

$$
\sum_{m \in M} X_{lm}^{\text{dis}} = (1 - \bar{\lambda}) X_l^{tre} \qquad \forall l \qquad (5-37)
$$

在式（5-18）和式（5-24）中将 $X_k^{\text{col}*}$ 替换成 X_k^{col} 可以得到式（5-32）和式（5-34），式（5-33）、式（5-35）、式（5-36）和式（5-37）是新模型中式（5-19）、式（5-25）、式（5-26）和式（5-27）稍加改变得来，其他约束条件和新模型中相同。

这里 $\bar{\lambda}$ 是拆解中心拆解废旧产品后平均可再制造率，$0 \leqslant \bar{\lambda} \leqslant 1$。

5.3.3　数值算例

考虑一个 R/M 集成供应链：3 个再制造/制造厂、5 个批发商、10 个零售商为所辖区域提供服务（销售产品和回收废旧产品），2 个拆解中心。废弃产品可以运送到 1 个废弃处理中心。优化模型中涉及以下的参数值（为了便于比较，这里的参数设置应用文献［120］中的数据）。

$C_{i_1}^{\text{renew}} \sim C_{i_3}^{\text{renew}}$：75，82，85。

$C_{i_1 j_1}^{\text{renew}} \sim C_{i_3 j_5}^{\text{renew}}$：0.1，0.15，0.1，0.1，0.2；0.2，0.25，0.22，0.19，0.16；0.18，0.1，0.2，0.25，0.23。

$C_{j_1 k_1}^{\text{renew}} \sim C_{j_5 k_{10}}^{\text{renew}}$：0.1，0.15，0.1，0.1，0.2，0.1，0.16，0.2，0.1，0.12；0.2，0.25，0.22，0.19，0.16，0.15，0.19，0.25，0.11，0.22；0.19，

0.15，0.12，0.25，0.23，0.19，0.1，0.26，0.19，0.29；0.28，0.13，0.24，0.25，0.23，0.2，0.16，0.1，0.29，0.23；0.18，0.1，0.23，0.25，0.23，0.1，0.2，0.1，0.23，0.2。

$C_{k_1 l_1}^{\text{used}} \sim C_{k_{10} l_2}^{\text{used}}$：0.1，0.15，0.1，0.1，0.2，0.1，0.23，0.1，0.1，0.17；0.2，0.25，0.22，0.19，0.16，0.18，0.15，0.1，0.17，0.22。

$C_{l_1}^{\text{tre}} \sim C_{l_2}^{\text{tre}}$：2.5，2.1。

$C_{l_1 i_1}^{\text{usable}} \sim C_{l_2 i_3}^{\text{usable}}$：0.21，0.25，0.19；0.18，0.19，0.25。

$C_{m_1}^{\text{dis}}$：0.15。

$C_{l_1 m_1}^{\text{dis}} \sim C_{l_2 m_1}^{\text{dis}}$：0.1，0.12。

$C_{k_1}^{\text{col}} \sim C_{k_{10}}^{\text{col}}$：37，74，90，74，65，74，80，37，90，79。

$e_{i_1}^{\text{renew}} \sim e_{i_3}^{\text{renew}}$：1200，1500，1500。

$e_{j_1}^{\text{renew}} \sim e_{j_5}^{\text{renew}}$：500，800，1200，900，900。

$e_{l_1} \sim e_{l_2}$：2200，1900。

$\bar{\lambda}$：0.7。

$A_{k_1} \sim A_{k_{10}}$：480，585，605，504，420，675，455，552，462，360。

$\alpha_{k_1} \sim \alpha_{k_{10}}$：0.3，0.2，0.4，0.3，0.2，0.4，0.5，0.2，0.3，0.2。

优化结果包括以下两种情况。

情况 I：$D_{k_1}^{\text{renew}} \sim D_{k_{10}}^{\text{renew}}$ 数值依次设置为295、259、310、216、180、274、238、216、202 和187。再制造产品的总需求量为2377。在这种情况下，原模型优化给出的拆解中心应拆解废旧产品的数量是3395，这时拆解中心的总拆解能力是足够的。

情况 II：$D_{k_1}^{\text{renew}} \sim D_{k_{10}}^{\text{renew}}$ 数值依次为369、324、387、270、225、342、297、270、252 和234。再制造产品总需求为2970。应用原模型，需要被拆解的废旧产品数量是4243，它超过了这些拆解中心所具备的总的拆解能力。

两种情况下，新模型和原模型的优化结果见表5-2。

表5-2　　　　　　　　　　　两个模型的优化结果

情况	模型	优化值		
		回收的废旧产品总量	再制造率	总费用
情况 I	原模型	3395	70%	406113.2
	新模型	3121	76%	389496.8

续表

情况	模型	优化值		
		回收的废旧产品总量	再制造率	总费用
情况Ⅱ	原模型	—	—	—
	新模型	4070	72%	521216.9

从表5-2可以得出：①在情况Ⅰ中，新模型和原模型都是有效的。采用新模型优化的废旧产品回收量小于采用原模型优化的废旧产品回收量，而采用新模型优化后的再制造率却高于采用原模型优化后的再制造率，采用新模型优化后的总费用也低于采用原模型优化后的总费用。②在情况Ⅱ，新模型是有效的而原模型是无效的。因为采用原模型时需要拆解的废旧产品数量超过了这些拆解中心总的拆解能力。显然，新模型比原模型有效。

5.3.4　本节小结

基于质量风险控制，本节给出了R/M集成供应链的一个优化模型，通过数值算例，比较了新模型和原模型的有效性。结果显示，当拆解中心总的拆解能力足够时，新模型和原模型都有解，利用新模型得到的回收数量比利用原模型得到的回收数量小，但再制造率却比较高，总费用比较低。当拆解中心总的拆解能力不足时，新模型有解而原模型无解。数值结果说明新模型的有效性。

5.4　考虑顾客返还和购买行为的产品定价策略

根据问卷调查（见附录C），废旧产品的回收价格会影响新产品的需求。调查显示，当顾客返回废旧产品时，如果废旧产品回收价格较高，那么顾客会愿意继续购买该类新产品。为了研究废旧产品回收价格定价策略，考虑到其对新产品需求的影响，在新产品需求函数中引入了影响系数。利用博弈论方法，给出了产品的最优定价决策，包括制造商从零售商处收回废旧产品的收回价格和零售商从顾客处回收废旧产品的回收价格。通过算例分析了优化结果与影响系数之间的关系。数值结果表明，当影响系数增加时，即使收回价格和回收价格增加，制造商和零售商的利润也会增加。此外，新产品的需求增加表明未来废旧产品数量将会增加。因此，制造商和零售商期望的良性循环将实现。

5.4.1　引言

闭环供应链包括正向供应链和逆向供应链两部分。新产品通过正向供应链销售给最终顾客。经过一段时间的使用后，新产品成为废旧产品，这些废旧产品将被回收和再制造。在逆向供应链中，废旧产品是从最终顾客收集的。

然而，废旧产品的回收会受两方面的影响：第一阶段销售到消费市场的新产品的数量；第二阶段最终顾客对废旧产品的返还意愿。顾客对废旧产品的预估价格和零售商对该废旧产品的回收价格之差，对顾客的返还意愿有很大影响[107]。

另外，通过问卷调查分析，废旧产品的回收价格也会影响新产品的需求。在问卷调查统计结果中，65%的最终顾客会购买使用后会回收且回收价格比较高的新产品，即使顾客之前并没有购买过这类新产品。

受到该事实的启发，考虑废旧产品回收价格对新产品需求的影响，本节将研究废旧产品的定价策略。研究结果给出制造商从零售商处收回废旧产品的收回价格和零售商从顾客回收废旧产品的回收价格，并给出算例分析[125]。

5.4.2　文献综述

关于废旧产品定价决策已有很多研究结果。Guide 等给出了某一再制造企业不同质量等级的废旧产品最优回收价格和再制造产品最优销售价格的经济分析[104]。Naururney 和 Toyasaski 使用变分不等式求解回收材料的均衡网络流和相应价格[110]。Hong 等开发了逆向生产系统中个体实体行为的研究方法。在作者的研究中，每个回收商求解一个鲁棒优化公式，其中处理商所支付的价格被假定在给定的范围内，并且处理商和回收商竞争直到达到纳什均衡[108]。Kulsrhththa 和 Sarangi 假定消费市场对返回的产品有一种固有的厌恶情绪，制造商需要提供回购价格来克服这种厌恶[109]。基于闭环供应链的三种模型，Gu 和 Ji 给出了逆向供应链的最优回收定价、正向供应链的最优批发价格和最优零售价格[105]。Gu 和 Ji 考虑三种回收渠道：制造商自己负责回收和处理废旧产品、委托给零售商或第三方回收废旧产品，给出逆向供应链废旧产品回收价格的定价策略。通过对不同情况下的定价决策进行研究发现，如果制造商进行加工处理，则制造商倾向于自己回收废旧产品而不是委托他人；如果第三方加入逆向供应链，则第三方希望有更深层次的合作，不仅仅是回收而且是处理废旧产品[106]。

5.4.3　定价决策

定价决策需考虑两个阶段的情况：在第一阶段，制造商制造新产品并由零售商销售；在第二阶段，零售商回收废旧产品，同时制造商将继续制造新产品并由零售商销售。根据第一阶段批发价格和零售价格的定价决策，制造商和零售商将分别决定第二阶段废旧产品的收回价格和回收价格。

1. 假设和符号

R/M 集成供应链中质量风险控制的关键成员是拆解中心。为了方便研究，本节给出以下假设。

假设 1：第二阶段回收的废旧产品仅来源于第一阶段销售的新产品。

假设 2：再制造产品将由其他供应链成员在第二市场销售，而不是零售商销售。这意味着，零售商只负责销售新产品和回收废旧产品，而不负责销售再制造产品。

假设 3：在第二阶段，新产品批发价格和零售价格都是第一阶段的最优价格，而且，新产品需求是回收价格的递增函数。

假设 4：最终顾客依据自己购买新产品时支付给零售商的零售价格来估价自己的废旧产品回收价格。

假设 5：在每个阶段，制造商作为 Stackelberg 领导者。

本节研究用到以下相关符号。

（1）变量。

p_{1m}：第一阶段新产品的单位批发价格。

p_{1r}：第一阶段新产品的单位零售价格。

$\bar{p}_{2m}$：第二阶段废旧产品单位收回价格。制造商将从零售商处收回所有已回收的废旧产品。

$\bar{p}_{2r}$：第二阶段废旧产品单位回收价格。零售商将从最终顾客处回收废旧产品。

（2）成本。

c_{1m}，c_{2m}：第一阶段和第二阶段新产品的单位制造成本，$c_{1m} = c_{2m} = c_m$。

c_{1r}，c_{2r}：零售商第一阶段和第二阶段销售新产品的单位运营成本，$c_{1r} = c_{2r} = c_r$。

$\bar{c}_{2m}$：第二阶段废旧产品的单位再制造成本。

$\bar{c}_{2r}$：零售商在第二阶段回收废旧产品的单位运营成本。

（3）参数。

p_0：废旧产品再制造形成的再制造产品的单位收益。

p_{2m}：第二阶段新产品的单位批发价格，$p_{2m} = p_{1m}^*$，这里，p_{1m}^*是p_{1m}的最优值。

p_{2r}：第二阶段新产品的单位零售价格，$p_{2r} = p_{1r}^*$，这里，p_{1r}^*是p_{1r}的最优值。

$D_1(p_{1r})$：第一阶段新产品的需求，是零售价格的递减函数，$D_1(p_{1r}) = \phi - \beta p_{1r}$，这里，$\phi$ 和 β 是正的参数，且 $\phi > \beta c_{1m}$。ϕ 是新产品的潜在市场，β 是最终顾客对新产品零售价格的敏感系数。

$D_2(\bar{p}_{2r})$：第二阶段新产品的需求，是零售商回收价格的递增函数，$D_2(\bar{p}_{2r}) = \phi - \beta p_{1r}^* + \alpha \bar{p}_{2r}$，$\alpha$ 是新产品需求函数中引入的敏感系数，$\alpha > 0$。

$S(\bar{p}_{2r})$：第二阶段废旧产品回收数量，是回收价格的递增函数，$S(\bar{p}_{2r}) = A - b(\delta p_{1r}^* - \bar{p}_{2r})$。这里，$A$ 为潜在的废旧产品市场拥有量，$A = \varphi - \beta p_{1r}^*$。$\delta p_{1r}^* (0 \leq \delta < 1)$ 是最终顾客对废旧产品的估价，p_{1r}^* 是第一阶段零售价格的最优值。b 是一正参数。

$\prod_{1M}$：第一阶段制造商的利润。

$\prod_{1R}$：第一阶段零售商的利润。

$\prod_{2M}$，$\prod_{2M}^{\text{new}}$ 和 $\prod_{2M}^{\text{used}}$：第二阶段制造商的利润，依次为总利润、从新产品获得的利润和从废旧产品获得的利润。

$\prod_{2R}$，$\prod_{2R}^{\text{new}}$ 和 $\prod_{2R}^{\text{used}}$：第二阶段零售商的利润，依次为总利润、从新产品获得的利润和从废旧产品获得的利润。

2. 定价决策

（1）新产品定价决策。在第一阶段，制造商生产新产品、零售商将新产品销售到消费市场。制造商需要制定新产品批发价格、零售商需要制定新产品零售价格。

制造商的问题是通过决策批发价格使利润最大化,即

$$\max_{p_{1m}} \prod_{1M} = (p_{1m} - c_{1m})(\phi - \beta p_{1r})$$
$$= (p_{1m} - c_m)(\phi - \beta p_{1r}) \qquad (5-38)$$

零售商的问题是通过决策新产品零售价格使利润最大化,即

$$\max_{p_{1r}} \prod_{1R} = (p_{1r} - c_{1r} - p_{1m})(\phi - \beta p_{1r})$$
$$= (p_{1r} - c_r - p_{1m})(\phi - \beta p_{1r}) \qquad (5-39)$$

结论 5.5 在第一阶段,批发价格、零售价格和需求量的最优值依次为 p_{1m}^*,p_{1r}^* 和 D_1^*,这里

$$p_{1m}^* = \frac{\phi + \beta (c_m - c_r)}{2\beta}$$

$$p_{1r}^* = \frac{3\phi + \beta (c_m + c_r)}{4\beta}$$

$$D_1^* = \frac{\phi - \beta (c_m + c_r)}{4}$$

注:结论 5.5 是文献 [107] 中的结果,此处,最优值 p_{1m}^*,p_{1r}^* 和 D_1^* 将用于第二阶段废旧产品的定价决策。

(2)废旧产品定价决策。在第二阶段,制造商从零售商处收回所有已回收的废旧产品,并将新产品以第一阶段最优的批发价格批发给零售商;零售商负责从最终顾客处回收废旧产品,并将新产品以第一阶段的最优零售价格销售给最终顾客。零售商将决策废旧产品回收价格、制造商需决策废旧产品收回价格。

制造商的总利润包括从新产品获得的利润和从废旧产品获得的利润,分别为

$$\prod_{2M}^{new} = (p_{2m} - c_{2m})(\phi - \beta p_{2r} + \alpha \bar{p}_{2r})$$
$$= (p_{1m}^* - c_m)(\phi - \beta p_{1r}^* + \alpha \bar{p}_{2r}) \qquad (5-40)$$

$$\prod_{2M}^{used} = (p_0 - \bar{c}_{2m} - \bar{p}_{2m})[A - b(\delta p_{1r}^* - \bar{p}_{2r})] \qquad (5-41)$$

制造商的问题是

$$\max_{\bar{p}_{2m}} \prod_{2M} = (p_{1m}^* - c_m)(\phi - \beta p_{1r}^* + \alpha \bar{p}_{2r}) +$$
$$(p_0 - \bar{c}_{2m} - \bar{p}_{2m})[A - b(\delta p_{1r}^* - \bar{p}_{2r})] \qquad (5-42)$$

至于零售商,其总利润包括从新产品获得的利润和从废旧产品获得的利润,分别为

$$\prod_{2R}^{\text{new}} = (p_{2r} - c_{2r} - p_{2m})(\phi - \beta p_{2r} + \alpha \bar{p}_{2r})$$

$$= (p_{1r}^* - c_r - p_{1m}^*)(\phi - \beta p_{1r}^* + \alpha \bar{p}_{2r}) \quad (5-43)$$

$$\prod_{2R}^{\text{used}} = (\bar{p}_{2m} - \bar{c}_{2r} - \bar{p}_{2r})[A - b(\delta p_{1r}^* - \bar{p}_{2r})] \quad (5-44)$$

零售商的问题是

$$\max_{\bar{p}_{2r}} \prod_{2R} = (p_{1r}^* - c_r - p_{1m}^*)(\phi - \beta p_{1r}^* + \alpha \bar{p}_{2r}) +$$

$$(\bar{p}_{2m} - \bar{c}_{2r} - \bar{p}_{2r})[A - b(\delta p_{1r}^* - \bar{p}_{2r})] \quad (5-45)$$

根据前面的假设，可得到以下定理。

定理 5.3　在第二阶段，制造商最优收回价格和零售商最优回收价格 $\bar{p}_{2m}^*$ 和 $\bar{p}_{2r}^*$ 依次为

$$\bar{p}_{2m}^* = \frac{-A + \alpha(2p_{1m}^* - c_m - p_{1r}^* + c_r) + b(\delta p_{1r}^* + \bar{c}_{2r} + p_0 - \bar{c}_{2m})}{2b}$$

$$\bar{p}_{2r}^* = \frac{-3A + \alpha(p_{1r}^* - c_r - c_m) + b(3\delta p_{1r}^* - \bar{c}_{2r} + p_0 - \bar{c}_{2m})}{4b}$$

依据前面的假设，最优的废旧产品回收量满足条件 $0 < S^* \leqslant A$，因此，可得以下结论。

结论 5.6　新产品需求函数中的参数 α 满足的条件是

$$0 < \alpha \leqslant \frac{3A - b(p_0 - \delta p_{1r}^* - \bar{c}_{2r} - \bar{c}_{2m})}{P_{1r}^* - c_r - c_m} \quad (5-46)$$

此结论表明，新产品需求函数中顾客对废旧产品回收价格的敏感系数与废旧产品潜在市场拥有量和顾客对废旧产品的估价有关。

5.4.4　数值算例

（1）关于新产品数值结果。该算例中参数设置为 $\phi = 10000$，$\beta = 2$，$c_{1m} = 100$，$c_{1r} = 20$。此时，新产品最优批发价格、最优零售价格和最优需求量依次为 $p_{1m}^* = 2540$，$p_{1r}^* = 3750$ 和 $D^* = 2440$。这些将用于第二阶段中计算关于废旧产品的数值结果。

说明：为一致起见，此处参数选取与文献［107］中参数相同。

（2）关于废旧产品数值结果。从第一阶段的数值结果可以得到 $A = 2440$。接下来分析当 α 取不同值时数值结果的变化情况。

取 $p_0 = 1270$，$\bar{c}_{2m} = 50$，$\bar{c}_{2r} = 15$，$\delta = 0.3$ 及 $b = 3$。于是，$0 < \alpha \leqslant 1.95$。制造商收回价格、回收商回收价格、新产品需求和废旧产品供应的数值结果随 α 的变化情况如图 5-10 所示。制造商的总利润和零售商的总利润随 α 的变化情况如图 5-11 所示。

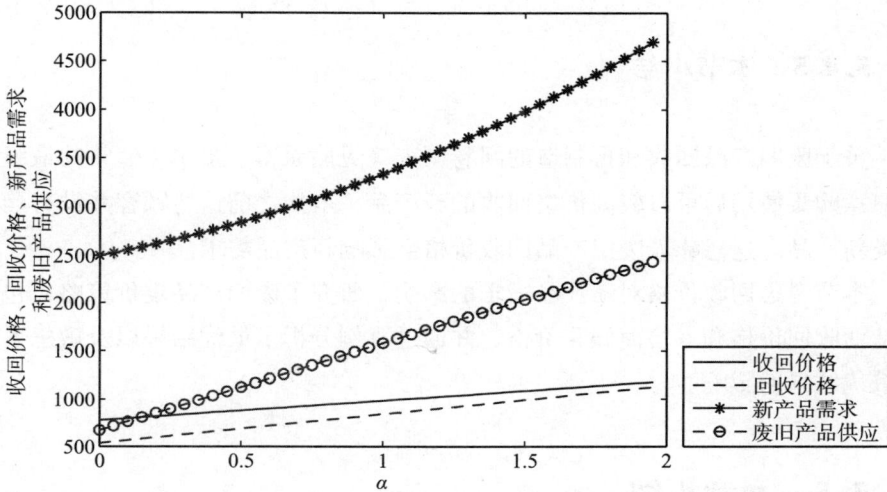

图 5-10　收回价格、回收价格、新产品需求和废旧产品供应的数值结果随 α 的变化情况

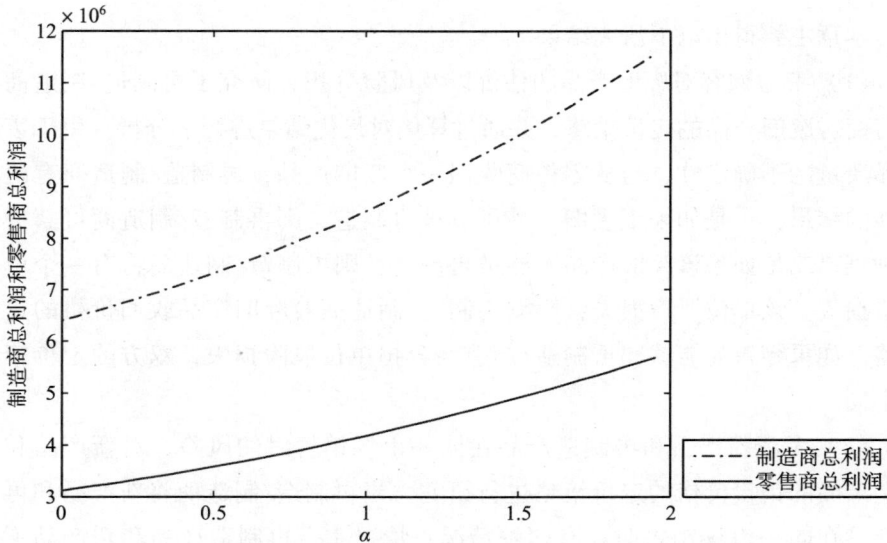

图 5-11　制造商的总利润和零售商的总利润随 α 的变化情况

从图 5 - 10 和图 5 - 11 中可以得到以下结果：①在第二阶段，随着敏感系数的增加，制造商收回价格和零售商回收价格将增加，废旧产品回收数量和新产品需求量将增加，制造商和零售商的总利润都将增加；②第二阶段新产品需求的增加意味着后续废旧产品回收量的增加，结果，一个良性循环就形成了。

5.4.5 本节小结

关于废旧产品回收和再制造的问卷调查（见附录 C）显示，65% 的最终顾客愿意购买使用后可以较高价格回收的新产品，虽然之前这些顾客并没有购买这类新产品。这意味着废旧产品回收价格会影响新产品需求。

本节考虑回收价格对新产品需求的影响，研究了废旧产品定价策略，包括制造商收回价格和零售商回收价格，并通过算例分析了最优结果以及敏感系数对最优结果的影响。

5.5 本章小结

本章主要得出以下研究结果。

（1）考虑顾客对废旧产品的估价以及风险分担，研究了再制造/制造商和零售商对废旧产品的定价策略，并通过算例对最优结果进行了分析。由于废旧产品质量的不确定性，当从零售商收回一个废旧产品，再制造/制造商有两种可能的结果：一是如果该废旧产品可以被再制造，则再制造/制造商可获得单位利润；二是如果该废旧产品不能被再制造，则再制造/制造商将有一个单位风险损失。该单位风险损失将影响再制造/制造商对废旧产品收回价格的定价策略。如果零售商能够和再制造/制造商分担单位风险损失，双方的定价策略将不同。

（2）考虑新产品和再制造产品在同一市场销售时的风险，对新产品和再制造产品的销售价格的定价策略进行研究。当再制造/制造商将新产品和再制造产品在同一市场销售时，有两种情况：情况Ⅰ，再制造产品和新产品不区分；情况Ⅱ，再制造产品和新产品区分。研究发现：对于情况Ⅰ，通过生产更多的再制造产品、并用再制造产品和新产品同时满足消费者需求时，再制造/制造商可以获得更多的利润。但是，当再制造产品数量大于新产品数量时，再制造/制造商将面临市场风险：在下一生产阶段，再制造/制造商不能获取足够的废旧产品来生产再制造产品。对于情况Ⅱ，再制造/制造商将面临市场风险：如果消费者从购买新产品转而购买再制造产品的比例增加，两种产品的总需求和再制造/制造商的总利润将减少。再制造/制造商需要通过加大新产品销售价格和再制造产品销售价格的差距，来阻止转移率的增加。

（3）再制造产品需求量的增加可能导致拆解中心拆解能力的不足。解决该问题的方法有两种：通过建立拆解中心来增加拆解能力和通过控制回收产品的质量风险来减少拆解的数量。鉴于建立拆解中心需要昂贵的固定费用，基于质量风险控制给出了 R/M 集成供应链优化模型。通过数值算例，将具有质量风险控制的优化模型（新模型）和不具有质量风险控制的优化模型（原模型）进行了比较。结果显示，当拆解中心总的拆解能力足够时，新模型和原模型都有解，利用新模型得到的回收数量比利用原模型得到的回收数量小，但再制造率却比较高，总费用比较低。当拆解中心总的拆解能力不足时，新模型有解而原模型无解。数值结果说明新模型的有效性。

（4）关于废旧产品回收和再制造的问卷调查显示，65% 的最终顾客愿意购买使用后可以较高价格回收的新产品，虽然之前这些顾客并没有购买这类新产品。这意味着废旧产品回收价格会影响新产品需求。考虑回收价格对新产品需求的影响，研究了废旧产品定价策略，包括制造商收回价格和零售商回收价格，并通过算例分析了最优结果以及敏感系数对最优结果的影响。

附录 A 顾客消费行为问卷调查

您好！

　　该问卷调查是为配合"顾客消费行为与供应链优化"的研究课题而设计的，我们将对调查所收集的资料严格保密。请您选择合适的答案（打√或填写），您的回答将成为我们研究的重要依据，谢谢！

（一）以旧换新

　　"以旧换新"是指消费者在购买新商品时，如果能把同类旧商品交给商店，就能折扣一定的价款，旧商品起着折价券的作用（"以旧换新"有政策支持和补贴）。

1. 您熟悉废旧产品以旧换新吗？（比如您不再使用的废旧家电）

A. 熟悉　　　　　　　　　　　　B. 听说过

C. 不清楚

2. 您愿意将废旧产品进行以旧换新吗？（如果可以以旧换新）

A. 非常愿意　　　　　　　　　　B. 愿意

C. 不愿意　　　　　　　　　　　D. 不确定

E. 其他（请注明）：_____

3. 如果您不愿意将废旧产品以旧换新，原因是什么？（可多选）

A. 手续比较麻烦　　　　　　　　B. 不方便，路途远

C. 不知道何处可以以旧换新　　　D. 折扣力度不大

E. 其他（请注明）：_____

4. 如果您愿意将废旧产品以旧换新，您有过以旧换新的经历吗？感觉如何？

A. 经历多次，感觉不错　　　　　B. 仅有一次，比较满意

C. 还没有，准备有机会尝试一下　D. 其他（请注明）：_____

（二）以旧换再

　　"以旧换再"是指再制造产品购买者交回旧件并以置换价购买再制造产品

的行为。（我国 2013 年出台"以旧换再"试点实施方案。）

5. 您对我国"以旧换再"实施方案了解吗？

A. 非常了解　　　　　　　　　B. 了解

C. 没听说过　　　　　　　　　D. 其他（请注明）：_____

6. 您愿意将废旧产品进行以旧换再吗？

A. 非常愿意　　　　　　　　　B. 愿意

C. 不愿意　　　　　　　　　　D. 其他（请注明）：_____

7. 如果您不愿意将废旧产品进行以旧换再，原因是？

A. 认为再制造产品质量不好　　B. 更喜欢"以旧换新"

C. 资金充足，没有必要以旧换再　　D. 其他（请注明）：_____

8. 如果您愿意将废旧产品进行以旧换再，您有过以旧换再的经历吗？感觉如何？

A. 经历多次，感觉不错　　　　B. 仅有一次，比较满意

C. 还没有，准备有机会尝试一下　　D. 其他（请注明）：_____

（三）　再制造产品

再制造是指将旧汽车零部件、工程机械、机床等进行专业化修复的批量化生产过程，使再制造产品达到与原有新品相同的质量和性能。（我国非常重视废旧产品再制造，并于 2013 年出台"以旧换再"试点实施方案。）

9. 您选择购买再制造产品的原因是什么？（可多选）

A. 技术性能、安全、质量符合原产品相关标准的要求

B. 与同类新产品有同样的质量保修期

C. 价格便宜

D. 有利于环保

E. 其他（请注明）：_____

10. 您不选择购买再制造产品的最重要原因是什么？

A. 对再制造产品不了解，担心质量不可靠

B. 新产品质量有保证，价格高点无所谓

C. 其他（请注明）：_____

11. 如果您愿意购买再制造产品，您有购买的经历吗？感觉如何？

A. 购买多次，感觉很好　　　　B. 仅购买一次，比较满意

C. 还没有，准备有机会尝试一下　　D. 其他（请注明）：_____

12. 您认为政府的相关政策对您购买再制造产品的作用如何？

A. 非常重要   B. 比较重要

C. 有一定作用   D. 其他（请注明）：_____

（四）定制产品

定制产品是用户介入产品的生产过程，将指定的图案和文字印刷到指定的产品上，用户获得自己定制的个人属性强烈的商品或获得与其个人需求匹配的产品或服务。

13. 您了解产品定制吗？

A. 非常了解   B. 了解

C. 不了解

14. 您愿意购买定制产品吗？

A. 非常愿意   B. 愿意

C. 无所谓   D. 不愿意

E. 不确定

15. 如果您不愿意购买定制产品，原因是什么？

A. 认为价格比较高   B. 等待时间比较长

C. 不喜欢张扬个性   D. 其他（请注明）：_____

16. 如果您愿意购买定制产品，您有购买的经历吗？感觉如何？

A. 购买多次，感觉很好   B. 仅购买一次，比较满意

C. 还没有，准备有机会尝试一下   D. 其他（请注明）：_____

（五）个人信息

17. 请问您的性别？

A. 男   B. 女

18. 请问您的年龄？

A. 20 岁以下   B. 20～30 岁

C. 30～40 岁   D. 40～50 岁

E. 50～60 岁   F. 60 岁以上

19. 请问您的职业？

A. 教师   B. 学生

C. 公司职员   D. 自由职业者

E. 其他

20. 请问您的家庭月总收入？

A. 2000 元以下　　　　　　　　　B. 2000～5000 元

C. 5000～8000 元　　　　　　　　D. 8000～10000 元

E. 10000～15000 元　　　　　　　F. 15000～20000 元

G. 2 万元以上

附录 B　天津市社区居民可持续发展意识及废旧家电处理方式调查

亲爱的_____社区居民您好！

　　该问卷调查是为配合天津市宣传文化"五个一批"调研课题"天津市社区居民可持续发展意识及废旧家电处理方式"而设计的，我们将对调查所收集的资料严格保密。请您选择合适的答案（打√或填写），您的回答将成为我们研究的重要依据，谢谢！

（一）关于废旧家电回收处理意识

1. 您是从哪里了解废旧家电回收处理的？（可多选）

A. 电视　　　　　　　　　　　　B. 网络

C. 报纸　　　　　　　　　　　　D. 社区宣传

E. 商场回收点广告　　　　　　　F. 小商贩叫卖

G. 其他

2. 您认为废旧家电回收处理的好处有哪些？（可多选）

A. 对家庭来说，可以减少占用空间

B. 对社会资源来说，可以循环利用，节约资源

C. 从环境的角度来看，可以保护环境，降低污染

D. 从企业的角度来看，可以节约成本

E. 其他（请注明）：_____

3. 您了解的废旧家电回收处理途径有哪些？（可多选）

A. 厂家回收点以旧换新　　　　　B. 小区回收点回收

C. 小商贩回收　　　　　　　　　D. 商场回收点以旧换新

E. 其他（请注明）：_____

4. 您小区及周边有哪些废旧家电回收点？（可多选）

A. 厂家回收点　　　　　　　　　B. 小区回收点

C. 小商贩回收　　　　　　　　　D. 商场回收点

E. 其他（请注明）：＿＿＿＿＿＿

5. 您认为哪种废旧家电回收处理途径最好？

A. 厂家回收　　　　　　　　　　B. 小区回收

C. 小商贩回收　　　　　　　　　D. 商场回收

E. 说不好，看情况

6. 您了解的废旧家电回收后的用途有哪些？（可多选）

A. 进行产品再制造　　　　　　　B. 作为材料再循环

C. 作为二手产品销售　　　　　　D. 不清楚

E. 不关心

（二）关于废旧家电回收处理情况

7. 您在了解回收处理之前如何处置废旧家电的？（可多选）

A. 闲置　　　　　　　　　　　　B. 随意丢掉

C. 送给有需求的亲朋　　　　　　D. 捐赠

E. 卖给小商贩　　　　　　　　　F. 其他

8. 您回收处理过哪些废旧家电？（可多选）

A. 彩电　　　　　　　　　　　　B. 冰箱

C. 洗衣机　　　　　　　　　　　D. 空调

E. 电脑　　　　　　　　　　　　F. 其他

9. 您以哪种方式回收处理废旧家电的？（可多选）

A. 送往商场回收点　　　　　　　B. 厂家上门回收

C. 卖给来小区叫卖的小商贩　　　D. 送往小区回收点

10. 您在回收处理废旧家电时最关注什么？

A. 回收价格高低　　　　　　　　B. 回收点远近

C. 是否上门服务　　　　　　　　D. 是否可以以旧换新

E. 其他

11. 您认为废旧家电回收价格是该家电购买时价格的多少合适？

A. 5%　　　　　　　　　　　　B. 10%

C. 15%　　　　　　　　　　　D. 20%

E. 无所谓

（三）关于废旧家电以旧换新

12. 您了解废旧家电以旧换新的政策吗？

A. 非常清楚 B. 了解一些

C. 不太清楚 D. 没听说过

13. 您认为以旧换新政策会对废旧家电回收起到促进作用吗？

A. 会 B. 不会

C. 不好说 D. 其他

14. 您对废旧家电进行过以旧换新吗？

A. 没有 B. 有

（如果 14 题选 B，请跳过 15 题）

15. 您为什么不对废旧家电采用以旧换新？（可多选）

A. 手续比较麻烦 B. 节省不了多少钱

C. 耗时比较长，浪费精力 D. 没必要以旧换新，直接买新的

E. 其他（请注明）：_____

16. 您对经历的废旧家电以旧换新的满意吗？

A. 非常满意 B. 比较满意

C. 一般 D. 不太满意

E. 非常不满意 F. 不知道

（四）关于社区回收点

17. 您对社区回收废旧家电持什么态度？

A. 支持 B. 不支持

C. 无所谓 D. 其他（请注明）：_____

18. 您居住的小区有废旧家电回收点吗？

A. 有 B. 没有

C. 不清楚

19. 您居住的小区回收点提供以旧换新服务吗？

A. 提供 B. 不提供

C. 不清楚

20. 您希望小区回收点有哪些服务？（可多选）

A. 提供以旧换新服务一条龙 B. 不能以旧换新的，以合理价格回收

C. 最好上门服务 D. 提供最新的以旧换新或回收信息

21. 您对小区回收点有哪些好的建议?

请写出:_____

(五) 其他

22. 请问您的性别?

A. 男   B. 女

23. 请问您的年龄?

A. 20 岁以下   B. 20~30 岁

C. 30~40 岁   D. 40~50 岁

E. 50~60 岁   F. 60 岁以上

24. 请问您的职业?

A. 教师   B. 学生

C. 公务员   D. 公司职员

E. 工人   F. 其他

25. 请问您的月收入?

A. 2000 元以下   B. 2000~4000 元

C. 4000~6000 元   D. 6000~8000 元

E. 8000~10000 元   F. 10000 元以上

附录 C　机电类废旧产品回收再制造有奖调查

您好！

　　该问卷调查是为配合"废旧机电产品回收再制造"的研究课题而设计的，我们将对调查所收集的资料严格保密。请您选择合适的答案（打√或填写），您的回答将成为我们研究的重要依据，谢谢！

　　说明：为了表示对您的感谢，我们将对答卷者进行抽奖。

　　（一）从消费者角度

　　1. 您愿意将废旧产品返还给原制造商或零售商吗？（比如您不再使用的废旧家电）

　　A. 愿意　　　　　　　　　　　　B. 不愿意

　　C. 不确定

　　2. 您愿意返还废旧产品的原因是什么？（可多选）

　　A. 回收价格合适，能得到些补偿

　　B. 回收价格无所谓，只为处理掉废旧产品

　　C. 响应国家政策，保护环境，节约资源

　　D. 返还废旧产品能在购买同类新产品时获得优惠

　　E. 其他（请注明）：_____

　　3. 您不愿意返还废旧产品的原因是什么？（可多选）

　　A. 回收价格太低，不值得　　　　B. 不方便，路途远

　　C. 不知道返还到何处　　　　　　D. 没有优惠

　　E. 其他（请注明）：_____

　　4. 您认为每单位废旧产品的回收价格应该是原来购买该产品时价格的百分之几？

　　A. 是该产品购买价格的 15% 以上　　B. 是该产品购买价格的 10% ~ 15%

C. 是该产品购买价格的 6% ~10%　　D. 是该产品购买价格的 3% ~6%

E. 占新产品价格的 3% 以下

5. 如果您的废旧产品回收价格较高，您愿意继续购买该类新产品吗？

A. 非常愿意　　　　　　　　　　B. 愿意

C. 不确定　　　　　　　　　　　D. 不愿意

6. 您了解再制造产品吗？

A. 不了解　　　　　　　　　　　B. 了解一些

C. 比较了解　　　　　　　　　　D. 非常了解

7. 您认为再制造产品是否应该有再制造标志？

A. 是　　　　　　　　　　　　　B. 否

C. 无所谓

8. 您会考虑选择购买再制造产品吗？

A. 会　　　　　　　　　　　　　B. 不会

C. 不确定

9. 您选择购买再制造产品的原因是什么？（可多选）

A. 价格便宜

B. 与同类新产品有同样的质量保修期

C. 技术性能、安全、质量符合原产品相关标准的要求

D. 有利于环保

E. 其他（请注明）：_____

10. 您不选择购买再制造产品的最重要原因是什么？

A. 对再制造产品不了解，担心质量不可靠

B. 新产品质量有保证，价格高点无所谓

C. 其他（请注明）：_____

11. 您认为再制造产品价格应为新产品市场价格的百分之几？

A. 30% 以下　　　　　　　　　　B. 30% ~40%

C. 40% ~50%　　　　　　　　　　D. 50% 以上

E. 其他（请注明）：_____

12. 您认为机电产品回收再制造首先要解决的问题是什么？

A. 消费者观念　　　　　　　　　B. 政策

C. 技术　　　　　　　　　　　　D. 质量

E. 其他（请注明）：_____

13. 您认为政府的相关政策对废旧产品回收再制造的作用如何？

A. 非常重要　　　　　　　　　　　B. 比较重要

C. 有一定作用　　　　　　　　　　D. 其他（请注明）：_____

14. 您认为政府采取下列哪些政策对促进废旧产品再制造最有效？（可多选）

A. 对实施回收再制造的企业提供税收优惠

B. 对不实施回收再制造的企业征收惩罚性税收，或行政性收费

C. 对特定行业制定强制性法规，并规定相应的回收率

D. 鼓励并促进销售再制造产品或再生材料市场的发展

E. 政府成立专门的废旧品回收再利用机构，同时企业要为自己的产品支付处理费用

F. 其他（请注明）：_____

（二）个人信息

15. 请问您的性别？

A. 男　　　　　　　　　　　　　　B. 女

16. 请问您的年龄？

A. 20 岁以下　　　　　　　　　　B. 20 ~ 30 岁

C. 30 ~ 40 岁　　　　　　　　　　D. 40 ~ 50 岁

E. 50 ~ 60 岁　　　　　　　　　　F. 60 岁以上

17. 请问您的职业？

A. 国企、事业单位中高层管理者　　B. 国企、事业单位员工

C. 外企中高层管理者　　　　　　　D. 外企员工

E. 私企老板　　　　　　　　　　　F. 私企员工

G. 自由职业者　　　　　　　　　　H. 学生

I. 其他

18. 请问您的家庭月总收入？

A. 2000 元以下　　　　　　　　　B. 2000 ~ 5000 元

C. 5000 ~ 8000 元　　　　　　　　D. 8000 ~ 10000 元

E. 10000 ~ 15000 元　　　　　　　F. 15000 ~ 20000 元

G. 2 万元以上

（三）从制造商角度

19. 您所在单位的行业类型？

A. 机械设备   B. 家电产品

C. 其他

20. 您单位在供应链中的位置？

A. 制造商   B. 批发商

C. 零售商   D. 原材料、零部件供应商

E. 服务提供商   F. 消费者

21. 您是否熟悉废旧产品再制造的过程？

A. 很熟悉   B. 了解一些

C. 不熟悉

22. 您认为企业从事废旧产品再制造出于什么原因？（可多选）

A. 通过废旧产品再制造，节约产品的生产或采购成本

B. 迫于公众的压力，回收再制造是为了改善形象

C. 由于法律的强制性规定

D. 防止他人对废旧产品再制造，影响我们的名誉

E. 其他（请注明）：_____

23. 您认为企业对废旧产品再制造过程中涉及的处理方式？（可多选）

A. 通过清洗、修整及再制造等手段恢复产品功能和外观，以便重新销售

B. 零部件的拆用，补充备用零部件

C. 材料再生或出售给材料再生企业

D. 填埋或焚烧

E. 其他（请注明）：_____

24. 您认为企业进行废旧产品回收再制造最大的成本在哪？

A. 回收过程的运输和仓储成本

B. 废旧产品的检验和分类成本

C. 再制造过程的成本

D. 从消费者手中获取废旧产品的成本

25. 您认为废旧产品回收再制造过程中的风险是什么？（可多选）

A. 成本太高，削弱了企业的盈利能力

B. 需要大量的投资，风险过高

C. 缺乏有效的回收网络，或消费者不愿意返还，收不到足够的废旧产品

D. 回收品质量和数量难以保证，回收的时间也难以保证，难以安排生产计划

E. 再制造产品缺乏市场需求，或消费者不愿购买再制造产品

F. 缺少再制造的价值，或缺少合适的再制造技术和工艺

G. 其他（请注明）：＿＿＿＿＿＿

26. 您认为企业最希望采用哪种回收渠道收回废旧产品？

A. 自行回收，例如，提供电话回收服务等

B. 委托自己下游的批发商或零售商回收

C. 委托第三方专业公司，如物流企业、垃圾回收企业等

27. 您认为企业应如何激励消费者返还废旧产品？（可多选）

A. 再次购买产品给予折扣　　　　B. 现金收购

C. 以旧换新优惠　　　　　　　　D. 退返时押金返还

E. 积分优惠　　　　　　　　　　F. 其他（请注明）：＿＿＿＿＿＿

28. 在从消费者手中收回废旧产品时，您认为企业应为每单位废旧产品付多少费用？（单选）

A. 占新产品价格的 3% 以下　　　B. 占新产品价格的 3% ~6%

C. 占新产品价格的 6% ~10%　　D. 占新产品价格的 10% ~15%

E. 占新产品价格的 15% 以上

参 考 文 献

［1］符国群．消费者行为学［M］. 2 版．北京：高等教育出版社，2010.

［2］［美］德尔·I. 霍金斯，戴维·L. 马瑟斯博．消费者行为学［M］. 符国群，等译．北京：机械工业出版社，2017.

［3］Glock C. Y. , Nicosia F. M. . *Sociology and the study of consumers*［J］. *Journal of Advertising Research*，1963，（3）：21 –27.

［4］Walters C. G. , Paul G. W. . *Consumer behavior*：*an integrated framework*［M］. Homewood，Ⅲ. : Richard D. Irwin，Incorporation，1970.

［5］Williams T. G. . *Consumer behavior*：*fundamentals and strategies*［M］. St. Paul，MN：West Publishing Company，1982.

［6］Kotler, P. . *marketing Management*：*analysis，planning，implementation and control*［M］. Upper Saddle River，N. J. : Prentice Hall Inc. , 1998.

［7］Coney K. A. . *Consumer behavior*：*building marketing strategy*［M］. MCGVAW –Hill/Irwin，2000.

［8］［美］布莱克韦尔，米尼德，恩格尔．消费者行为学［M］. 徐海，等译．北京：机械工业出版社，2009.

［9］顾巧论．R/M 集成供应链模型与决策［M］. 北京：科学出版社，2015.

［10］程逢知．定制提桶变得流行起来［J］. 包装研究资料，1981（26）：9 –11.

［11］王巧玉．半定制大规模集成电路［J］. 微电子学与计算机，1985（4）：46 –52.

［12］王震宇，戴戎．定制型人工髋假体研究应用［J］. 国外医学生物医学工程分册，1992，15（6）：344 –349.

［13］汪纯孝．标准化与定制化服务［J］. 上海企业，1993（7）：46 –47.

［14］朱曾惠. 定制化学品——化学工业中的新行业 ［J］. 现代化工, 1994 (11)：7 – 10, 15.

［15］钟育赣. 市场营销方法的新发展 ［J］. 南昌大学学报 (社会科学版), 1994, 25 (2)：48 – 53.

［16］邵晓峰, 季建华, 黄培清. 基于 Internet 的大规模定制的实施条件与运作模式 ［J］. 计算机集成制造系统——CIMS, 2001, 7 (12)：53 – 56.

［17］王建生. 西方国家企业生产方式将发生变革 ［J］. 中国经贸导刊, 1998 (23)：38 – 38.

［18］吴群. 物流案例分析 ［M］. 北京：北京大学出版社, 2014.

［19］马士华, 林勇. 供应链管理 ［M］.4 版. 北京：机械工业出版社, 2014.

［20］顾巧论. "三类供应链若干问题的研究——逆向供应链、R/M 集成供应链和 MC/MP 集成供应链" ［R］. 上海：上海交通大学博士后研究工作报告, 2007.

［21］马士华, 林勇, 陈志祥. 供应链管理 ［M］. 北京：机械工业出版社, 2000.

［22］王国文. 美国物流管理协会 (CLM) 发布的供应链管理、物流管理最新定义 ［J］. 中国物流与采购, 2005 (1)：31.

［23］V. Daniel R., Guide Jr, Luk N. Van Wasssenhove. *The reverse supply chain* ［J］. *Harvard Business Review*, 2002, 80 (2)：25 – 26.

［24］夏绪辉, 刘飞, 尹超, 等. 供应链、逆向供应链管理与企业集成 ［J］. 计算机集成制造系统——CIMS, 2003, 9 (8)：652 – 656.

［25］Guide Jr. V. D. R., Jayaraman V., linton J. D. *Building contingence planning for closed-loop supply chains with product recovery* ［J］. *Journal of operations management*, 2003, 21 (3)：259 – 279.

［26］顾巧论. 再制造系统建模与优化方法研究 ［D］. 天津：南开大学, 2005.

［27］邵晓峰, 黄培清, 季建华.21 世纪的主流生产模式：大规模定制 ［J］. 软科学, 2000 (4)：43 – 45.

［28］邵晓峰, 季建华, 黄培清. 面向大规模定制的供应链驱动模型的研究与应用 ［J］. 工业工程与管理, 2001 (6)：10 – 13.

［29］任玮，赵沛桢．精益—敏捷型供应链［J］．物流技术，2007，26
（6）：81－83．

［30］Power, D. J. , Sohal, A. S. , Rahman, S. U. . *Critical success factors in agile supply chain management—an empirical study* ［J］. *International Journal of Physical Distribution & Logistics Management*, 2001, 31 (4): 247－265.

［31］Das S. K. , Abdel－MalekL. . *Modelingthe flexibility of order quantities and lead-times in supply chains* ［J］. *International Journal of Production Economics*, 2003 (85): 171－181.

［32］顾巧论，季建华．大规模定制的顾客满意度指数模型研究［J］．软科学，2007，21（5）：38－41．

［33］［美］大卫·M. 安德森，B. 约瑟夫·派恩．21世纪企业竞争前沿：大规模定制模式下的敏捷产品开发［M］．北京：机械工业出版社，1999．

［34］张新安，田澎，张列平．建立中国顾客满意指数若干问题的研究［J］．工业工程与管理，2002（3）：18－22．

［35］Erickson G. M. , Johannson J. K. , Chao P. . *Image variables in multiattribute product evaluations: country-of-origin effects* ［J］. *Journal of Consumer Research*, 1984 (11): 694－699.

［36］刘新燕．顾客满意度指数模型研究［D］．武汉：中南财经政法大学，2004．

［37］Gronroos C. . *A service quality model and its marketing implications* ［J］. *European Journal of Marketing*, 1984 (18): 36－44.

［38］刘新燕，刘雁妮，杨智，万后芬．构建新型顾客满意度指数模型［J］．南开管理评论，2003（6）：52－56．

［39］Newman J. W. , Richard A. W. . *Multivariate analysis of brand loyalty for major household appliances* ［J］. *Journal of Marketing Research*, 1973 (10): 404－409.

［40］Anderson E. W. , Sullivan M. W. . *The antecedents and consequences of customer satisfaction for firms* ［J］. *Marketing Science*, 1993 (12): 125－143.

［41］Fornell C. . *A national customer satisfaction barometer: The Swedish experience* ［J］. *Journal of Marketing*, 1992, 56 (1): 6－20.

［42］Fornell C. , Johnson M. D. . *The American customer satisfaction index:*

Nature, purpose, and findings [J]. Journal of Marketing, 1996, 60 (4): 7 – 19.

[43] Johnson M. D., Gustafsson A.. The evolution and future of national customer satisfaction index models [J]. Journal of Economic Psychology, 2001, 22 (2): 217 – 236.

[44] 张新安, 田澎, 朱国锋. 感知实绩、顾客满意与顾客忠诚 [J]. 南开管理评论, 2003 (5): 46 – 51.

[45] 顾巧论. 装配型企业 MC/MP 供应链模型与特性分析 [J]. 天津职业技术师范大学学报, 2011, 21 (1): 1 – 6.

[46] Silveira G. D., Borenstein D., Fogliatto F. S.. Mass customization: literature review and research directions [J]. International Journal of Production Economics, 2001 (72): 1 – 13.

[47] Van Hoek, R. I.. The rediscovery of postponement: a literature review and directions for research [J]. Journal of operations management, 2001, 19 (2): 161 – 184.

[48] 周晓东, 邹国胜, 谢洁飞, 等. 大规模定制研究综述 [J]. 计算机集成制造系统——CIMS 2003, 9 (12): 1045 – 1052.

[49] Gilmore J., Pine II J.. The four faces of mass customization [J]. Harvard Business Review, 1997, 75 (1): 91 – 101.

[50] Hart C.. Mass customization: Conceptual underpinnings, opportunities and limits [J]. International Journal of Service Industry Management, 1995, 6 (2): 36 – 45.

[51] Zipkin P. H.. The limit of mass customization [J]. Sloan Management Review, 2001, 42 (3): 81 – 87.

[52] Ahlstrom P., Westbrook R.. Implications of mass customization for operations management: an exploratory survey [J]. International Journal of Operations & Production Management, 1999, 19 (3): 262 – 274.

[53] Kotha S.. Mass customization: Implementing the emerging paradigm for competitive advantage [J]. Strategic Management Journal, 1995, 16 (1): 21 – 42.

[54] Pine II J.. Mass customizing products and services [J]. Planning Review, 1993, 21 (4): 6 – 13.

［55］Radder L.，Louw L.．*Mass customization and mass production* ［J］．*The TQM Magazine*，1999，11（1）：35 - 40.

［56］沈雁，姚冠新．中国制造企业如何走自己的大规模定制之路 ［J］．工业工程，2003，6（1）：47 - 49.

［57］Alptekinoglu，A.，Corbett，C. J.．*Mass Customization versus mass pro-duction*：*variety and price competition* ［J］．*Manufacturing and Service Operations Management*，2004，6（1）：98 - 103.

［58］管毅平，杨冬梅．大规模定制生产还是大规模标准生产：选择的经济学分析 ［J］．学术月刊，2004（12）：35 - 42.

［59］顾巧论，季建华．基于混流装配模式的 MC/MP 供应链优化模型 ［J］．计算机应用研究，2008，25（5）：1408 - 1411.

［60］［美］B. 约瑟夫·派恩．大规模定制：企业竞争的新前沿 ［M］．操云甫，等译．北京：中国人民大学出版社，2000.

［61］顾新建，陈子辰，熊励，徐福缘．我国汽车制造业大规模定制生产模式研究 ［J］．中国工业经济，2000（6）：37 - 41.

［62］Lampel J.，Mintzberg H. *Customizing customization* ［J］．*Sloan Management Review*，1996，38（1）：21 - 30.

［63］Ross A.．*Mass customization-selling uniqueness* ［J］．*Manufacturing Engineer*，1996，75（6）：260 - 263.

［64］祁国宁，顾新建，李仁旺．大批量定制及其模型的研究 ［J］．计算机集成制造系统——CIMS，2000，6（2）：41 - 45.

［65］Alford D.，Sackett P.，Nelder G.．*Mass customi zation-an automotive per-spective* ［J］．*International Journal of Production Economics*，2000，65（1）：99 - 110.

［66］邵晓峰，黄培清，季建华．大规模定制生产模式的研究 ［J］．工业工程与管理，2001，6（2）：13 - 17.

［67］徐福缘，李敏，顾新建，等．实施大批量定制的基本思路及其时空集成优化模型 ［J］．管理工程学报，2002，16（2）：50 - 52.

［68］马玉芳．基于 Internet 的大规模定制生产计划系统的研究 ［D］．武汉：武汉理工大学，2002.

［69］Rsm L.．*Mass customization*：*the next industrial revolution* ［J］．*Industrial*

Management, 1995, 37 (5): 18 – 19.

[70] Feitzinger E. , Lee H. . *Mass customization at hewlett-packard: the power of postponement* [J]. *Harvard Business Review*, 1997, 75 (1): 116 – 121.

[71] 邵晓峰, 季建华, 黄培清. 面向大规模定制的供应链模型的研究 [J]. 制造业自动化, 2001, 23 (6): 22 – 25.

[72] Ghiassi M. , Spera C. . *Defining the Internet-based supply chain system for mass customized markets* [J]. *Computers & Industrial Engineering*, 2003, 45 (1): 17 – 41.

[73] Miltenburg G. J. . *A theoretical basis for scheduling mixed-model production lines* [J]. *Management Science*, 1989, 35 (1): 192 – 207.

[74] Agentis A. , Pacifici A. *Scheduling of flexible flow lines in an automobile assembly plant* [J]. *European Journal of Operational Research*, 1997, 97 (2): 348 – 362.

[75] Gu Q. L. , Ji J. H. . *A Multi – Objective Operational Model for MC/MP Supply Chain* [C]. International Conference on Operations and Supply ChainManagement, 2007: 90 – 96.

[76] Chiu Y. P. . *Determining the optimal lot size for the finite production model with random defective rate, the rework process, and backlogging* [J]. *Engineering Optimization*, 2003 (35): 427 – 437.

[77] Cardenas – Barron L. E. . *The economic production quantity (EPQ) with shortage derived algebraically* [J]. *International Journal of Production Economics*, 2001 (70): 289 – 292.

[78] Grubbstrom R. W. , Erdem A. . *The EOQ with backlogging derived without derivatives* [J]. *International Journal of Production Economics*, 1999 (59): 529 – 530.

[79] Han L. Z. . *EPQ model for items with imperfect quality under limited capacity of storehouse* [J]. *Systems Engineering and Electronics*, 2004 (26): 911 – 913.

[80] Islam S. , Roy T. K. . *Fuzzy multi item economic production quantity model under space constraint: A geometric programming approach* [J]. *Applied Mathematics and Computation*, 2007 (184): 326 – 335.

[81] Gu Q. L. , Ji J. H. . *An EPQ Model of MC/MP Mode* [C]. IEEE Interna-

tional Conference on Engineering, Services and Knowledge Management, 2007: 6645 – 6648.

[82] 顾巧论, 季建华, 高铁杠. 参考效应对废旧产品以旧换新的影响机理研究 [J]. 武汉理工大学学报, 2010, 32 (15): 160 – 165.

[83] Winer R. S.. *A reference price model of brand choice for frequently purchased products* [J]. *Journal of Consumer Research*, 1986 (13): 250 – 256.

[84] 李荣喜. 基于价格参考效应的消费者需求与产品定价模型 [J]. 管理评论, 2006, 18 (11): 39 – 42.

[85] Greenleaf E. A.. *The impact of reference price effects on the profitability of price promotions* [J]. *Marketing Science*, 1995, 14 (1): 82 – 104.

[86] Kumar, V., Hurley M., Karande K., Reinartz W. J.. *The impact of internal and external reference prices on brand choice: The moderating role of contextual variables* [J]. *Journal of Retailing*, 1998, 74 (3): 401 – 426.

[87] Kopalle P. K., Lindsey – Mullikin J.. *The impact of external reference price on consumer price expectations* [J]. *Journal of Retailing*, 2003 (79): 225 – 236.

[88] 马德民. 制造/再制造闭环供应链系统协调机制研究 [J]. 信息技术与标准化, 2008 (3): 42 – 46.

[89] Kalyanaram G., Winer R. S.. *Empirical generalizations from reference price research* [J]. *Marketing Science*, 1995, 14 (3): 161 – 169.

[90] Saibal R., Tamer B., Necati A.. *Optimal prices and trade-in rebates for durable, remanufacturable products* [J]. *Manufacturing & Service Operations Management*, 2005, 7 (3): 208 – 228.

[91] Fudenberg D., Tirole J.. *Upgrades, trade-ins and buybacks* [J]. *RAND Journal of Economics*, 1998, 29 (2): 235 – 258.

[92] Levinthal D. A., Purohit D.. *Durable goods and product obsolescence* [J]. *Marketing Science*, 1989, 8 (1): 35 – 56.

[93] Fei W.. *Analysis of the electrical household appliances trade-in subsidies policy based on mathematical models* [J]. *Journal of Beihua University* (Social Sciences), 2009, 10 (6): 14 – 19.

[94] Purohit D.. *Playing the role of buyer and seller: The mental accounting of trade-ins* [J]. *Marketing Letters*, 1995, 6 (2): 101 – 110.

［95］Heath C. , Fennema M. G. . *Mental depreciation and marginal decision making* ［J］. *Organizational Behavior & Human Decision Processes*, 1996（68）：95 – 108.

［96］Okada E. M. . *Trade-ins, mental accounting, and product replacement decisions* ［J］. *Journal of Consumer Research*, 2001（27）：433 – 446.

［97］Wei D. . *Interdepartmental cost allocation and investment incentives* ［J］. *Review of Accounting Studies*, 2004, 9（3）：97 – 116.

［98］Toktay L. B. , Wei D. . *Cost allocation in manufacturing-remanufacturing operations* ［N］. Working Paper INSEAD, 2005.

［99］Gu Q. L. , Gao T. G. . *Investment risk control for upgrade-products* ［J］. *ICIC Express Letters*, 2009, 3（3B）：627 – 632.

［100］Gu Q. L. , Gao T. G. . *Price decisions of new product based on subsidy-price-depending and payment-sharing* ［C］. 2010 International Colloquium on Computing, Communication, Control, and Management, 2010：704 – 707.

［101］Gu Q. L. , Ji J. H. , Gao T. G. . *Price decisions for new product with and without subsidy* ［C］. Proceedings of 2010 IEEE International Conference on Service Operations and Logistics and Informatics, 2010：35 – 39.

［102］孔令锋, 姚从容. 家电"以旧换新"与废弃家电回收处理产业可持续发展——基于家电以旧换新政策实施前后的调查［J］. 工业技术经济, 2010（7）：31 – 35.

［103］Gu Q. L. , Gao T. G. . *Behavior analysis for government and enterprise in home-appliance replacement* ［C］. 2010 International Conference on Logistics Engineering and Intelligent Transportation Systems, 2010：199 – 202.

［104］Guide, V. D. R. , Teunter, R. H. , Wassenhove, L. N. Van. . *Matching demand and supply to maximize profits from remanufacturing* ［J］. *Manufacturing and Service Operations Management*, 2003, 5（4）：303 – 316.

［105］Gu, Q. L. , Ji, J. H. . *Pricing management for closed-loop supply chain* ［J］. *Journal of Revenue & Pricing Management*, 2008, 7（1）：45 – 60.

［106］Gu, Q. L. , Ji, J. H. . *Pricing decisions for reverse supply chain* ［J］. Kybernetes, 2011, 40（5/6）：831 – 841.

［107］Gu Q. L. , Gao T. G. . *Two-period price management for closed-loop supply chain [C]. Proceedings of the Second International Conference on Information and Computing Science, ICIC, 2009: 181 – 184.

[108] Hong, I – H. , Ammons, J. C. , Realff, M. J. . *Decentralized decision-making and protocol design for recycled material flows* [J]. *International Journal of Production Economics*, 2008 (116): 325 – 337.

[109] Kulshreshtha, P. , Sarangi, S. . *No return, no refund: an analysis of deposit-refund systems* [J]. *Journal of Economic Behaviour& Organization*, 2001 (46): 379 – 394.

[110] Nagurney, A. , Toyasaki, F. . *Reverse supply chain management and electronic waste recycling: A multitiered network equilibrium framework for e-cycling* [J]. *Transportation Research Part E*, 2005 (41): 1 – 28.

[111] Gu Q. L. , Gao T. G. . *Analysis of price decisions for used-products based on risk sharing* [J]. *Lecture Notes in Decision Sciences*, 2009, 12 (A): 449 – 456.

[112] Debo L. G. , Toktay L. B. , Van Wassenhove L. N. . *Market segmentation and technology selection for remanufacturable products* [J]. *Management Science*, 2005, 51 (8): 1193 – 1205.

[113] Korugan A. , Gupta S. M. . *Substitution policies for a hybrid system* [C]. *Proceedings of SPIE*, 2001: 1 – 6.

[114] Mussa M. , Rosen S. . *Monopoly and product quality* [J]. *Journal of Economic Theory*, 1978 (18): 301 – 317.

[115] Moorthy S. . *Market segmentation, self-selection, and productline design* [J]. *Marketing Science*, 1984, 3 (4): 288 – 308.

[116] Ferrer G. , Swaminathan J. M. . *Managing new and remanufactured products* [J]. *Management Science*, 2006, 52 (1): 15 – 26.

[117] Gu Q. L. , Gao T. G. . *Pricing decisions for new and remanufactured products considering market risk* [C]. The 21st Chinese Control and Decision Conference (2009 CCDC), 2009: 1471 – 1475.

[118] Sheu J. B. , Chou Y. H. , Hu C. C. . *An integrated logistics operational model for green-supply chain management* [J]. *Transportation Research Part E*, 2005, 41 (4): 287 – 313.

［119］Min H. ，Ko C. S. ，Ko H. J. . *The spatial and temporal consolidation of returned products in a closed-loop supply chain network* ［J］. *Computers & Industrial Engineering* ，2006（51）：309 – 320.

［120］Ji J. H. ，Gu Q. L. ，*An operational model of closed-loop logistics based on the end-customer's willingness* ［C］. IEEE SOLI，2006：603 – 608.

［121］Lu Z. Q. ，Nathalie B. . *A facility location model for logistics systems including reverse flows：the case of remanufacturing activities* ［J］. *Computer &Operations Research*，2007（34）：299 – 323.

［122］Gu Q. L. ，Ji J. H. . *An integrated logistics operational model for R/M system base on the consumer market* ［J］. *International Journal of Logistics systems and management*，2008，4（1）：21 – 39.

［123］Necati A. ，Deniz A. ，Ayse G. T. . *Locating collection centers for incentive-dependent returns under a pick-up policy with capacitated vehicles* ［J］. *European Journal of Operational Research*，2008（191）：1223 – 1240.

［124］Gu Q. L. ，Gao T. G. . *An Optimization Model for R/M Integrated Supply Chain Based on Quality Risk Control* ［C］. 2009 International conference of management science and information system，2009：843 – 846.

［125］Gu Q. L. ，Gao T. G. . *Price Decisions for Used-products Considering Its Impact on New – Product – Demand* ［C］. 2nd International Conference on Business Intelligence and Financial Engineering，2009：489 – 492.